もはや老人はいらない！

長生きが喜ばれない介護社会の大問題

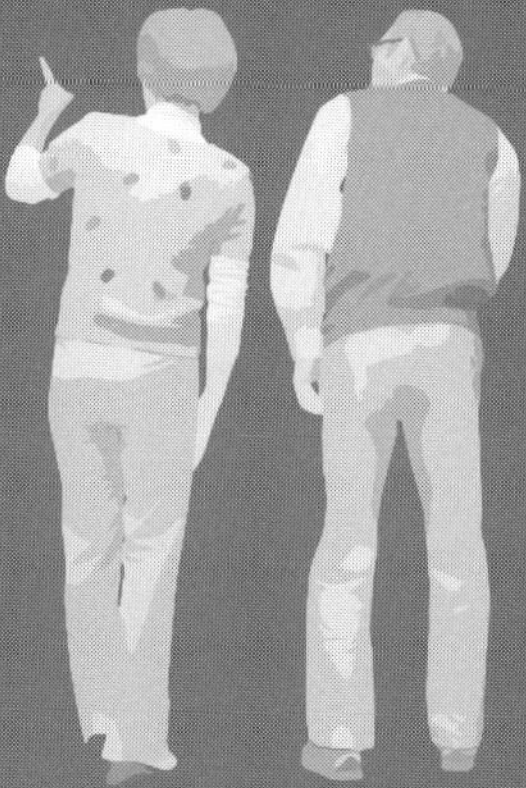

小嶋勝利
Kojima Katsutoshi

ビジネス社

まえがき

現在日本は、新型コロナウイルスの猛威にさらされ、さまざまな方面で甚大な被害が発生しています。私の専門である老人ホームでも、介護職員らが日夜、感染拡大と対峙《たいじ》し、肉体的疲労、精神的ストレスで、満身創痍《まんしんそうい》の状態です。この場を借りて、彼らの健闘に対し、あらためて敬意を表明いたします。

今回の新型コロナウイルス感染拡大では、早くから高齢者のことが話題になっていました。高齢者は感染すると重篤《じゅうとく》化する危険率が高いとか、病院で発生したクラスターで入院中の患者が死亡したが、そのほとんどは80歳以上の高齢者だったとか、です。さらに心ない人からは、「実は、この感染症は世界中から生産性の低い高齢者を一掃しよう、という悪巧《わるだく》みがあるのではないか?」という話も聞こえてくるありさまでした。

しかし冷静によく考えてみると、病気になったら、高齢者が若い人より重篤化するのは当たり前です。なぜなら、人は加齢のために自己免疫力が落ちていくからです。当然、高齢者の場合、病気や怪我《けが》なども重篤化します。単なるカゼや自宅内で転倒しただけで死に至るケースもけっして珍しい話ではありません。お正月、餅《もち》をのどに詰まらせて死亡する高齢者のニュースは、季節ネタの半《なか》ばお約束のようなものです。そう考えれば、報道されている内容が起こっていることのすべてだとすると、今回の新型コロナ騒動の高齢者に関する話の部分は、〝特段のトピックスでない〟ということになるのではないでしょうか。

一定の年齢、これを私は平均寿命を超えた高齢者と捉《とら》えていますが、この領域に入っている人は、いつ何が起きてもおかしくありません。昨日まで元気で過ごしていたのに……という話は世間には山ほどあります。

以前、ある医師が私に「医者は医学部で6年間、人を助けるための勉強はするが、人が死ぬことについての勉強はしない。だから人が老衰で死ぬということは理解できていないはずだ」と言っていました。

人の死亡率は100％。当たり前の話です。しかし、この当たり前を自分の日常として素直に受け入れられる人は少ないのではないでしょうか？　さらには積極的に自分の死を受け入れ立ち振る舞う人に対し、世間は「変人」と評価するはずです。

人は生まれたその瞬間から死に向かって生きています。しかし生と死はおおむね100％病院という特別な施設内で管理されているため、どうしても身近なものとして感じません。

誰が考案したかは知りませんが、「砂時計」というきわめて面白い〝時〟を測《はか》るツールがあります。上の段を見ていると、時間は過ぎていくものであることがわかり、下の段を見ていると、時間は積み重さねるものであることがわかります。

読者の皆さんご自身の、命の砂時計は、あとどのくらいの時間が残っているのでしょうか？　長生きをしたい人はできることなら、上から下へ砂が落ちる通り道を少しでも細くし、残りの時間を延ばしたいと考えるはずです。逆に、人生とは生きている時間の長さではない、中身だと考えている人は、砂の通り道を広げ、砂が勢いよく落ちるがごとく豪快な生き方を希望するのかもしれません。

いったい、どちらが正しいのかは、未熟な私にはわかりませんが、私がわかっていることは、人は自分の人生のゴールが明確になると、「今」を大切にするという事実です。今を大切にすることで多くの人の人生は濃厚になり、結果、後悔することを減らすことができるはずです。

本書をお読みになられた皆さんが今この時間を大切に考え、有意義な人生を送るためのお役に立つことができれば、何よりに思います。有効期限のある人生、最後にはまんざらでもなかったと思いたいものです。

2020年5月

小嶋勝利

まえがき　3

序章　高齢者に希望はあるのだろうか？

子供の世話になりたくない！　14
介護の主体は国から都道府県へ、さらには市町村、中学校区へ　19
家族に頼った介護の悲劇　23
病院と老人ホームを混同してはならない　28
サービスは当然だと思っている入居者の傲慢《ごうまん》　31

第1章　高齢者の実態は、こう変わってきた

元気でない高齢者は、「生きている資格がない」　38
介護業界は、単なる介護支援から予防介護へ　42
「安楽死」が手放しで美化されていく世の中へ　43
かつて、食べられなくなったら胃瘻《いろう》があった　44

命の選択肢を奪う権利は誰にもないはず　46
食べられなくなったら、それで終わり　47
「食事介助は虐待である」　50
介護とは、食べられない高齢者に
　いかに食べてもらえるかを考えるもの　52
延命治療を残酷とするイメージ戦略　53
家族の気持ちは常に変わる　55
人は皆、本当に自らの意思で生きているのか？　56
「生きたい」という希望を、選択できなくなる日　57
命の価値を考えさせられた、救命救急での出来事　59
「ホームで死にたい」と言われると、
　介護職員のモチベーションは上がる　61
猫も杓子も看取り看取り。これが本当に正しいのか？　63
昔は自宅で死んで、今は病院で死ぬ。
　しかしこれからは、また自宅で死ぬ　65
自宅で死なれると困るので、老人ホームという便利な場所ができた　66

第2章 行き場を失う老人たち！
～過当競争時代に入った老人ホーム業界～

要介護高齢者と自立の高齢者は、まったくの別物である　70
24時間看護師常駐は、本当に必要なサービスなのか？　72
看護師の多くは医療現場を引退した人　75
老人ホームは必要に応じて住み替えることが重要。
終《つい》の棲家《すみか》の言葉に騙《だま》されてはダメ　78
身体の状態に合わせて転ホームする時代　80
介護職員の得手不得手《えてふえて》を知ろう　82
わかっているけれどできない現実。そこがもどかしい　85
自立の高齢者は、老人ホームに入る必要性があるのか？　87
コミュニティがある住まい方　88
老人ホームはこう進化した　90
なぜ老人ホームは、過当競争になっているのか？　98
老人ホーム経営の仕組みとは　102

老人ホーム業界はM＆Aが大流行。
史上最大のババ抜きゲームを開催中 106
これからの介護事業は「複雑系」を理解しなければ、
経営が成り立たない 108
法令を遵守すれば、次々と大倒産が 109
「ケアプラン点検」の名目で始まる行政の逆襲 118
「必要だから潰さないだけ」。これが行政のさじ加減 119
病院に老人を奪われる老人ホーム。
医療で介護はカバーできる。
しかし、介護で医療はカバーできない 122
乱立してしまった老人ホーム業界の今後 125
老人ホーム事業の難しさ 126
「クダモノ」と発言していた経営者の質の問題 128

第3章　介護の現場のウソと真実

～トラブルが絶えないのはなぜか～

人手が足りないというウソ　132
介護職員に離職者が多い本当の理由　136
悩む職員は仕事を辞めてしまう　141
コミュニケーション能力を介護職員には求めていない　144
介護職とは、社会の底辺の仕事なのか？　148
医療と介護――2つの仕事の大きなへだたり　152
「流派」があることを、まず知っておきたい　155
施設内に築かれる介護主任の王国　160
いじめが横行する現場の悲劇　163
勤務ローテーションを使ったいじめの数々　168
老人ホームに潜む恐ろしい闇《やみ》とは？　171
介護職員の仕事とは、そんなに酷《ひど》いものなのか？　175
それでも素晴らしい介護職員は存在する　178

第4章　それでも知りたい老人ホーム選びのポイント

〜ホームに親を入れた後、後悔してしまったらどうしたらいいのか〜

良い老人ホームなどない。

あるのは自分に合った老人ホームだけ ―― 182

自分に合った介護流派とは何か？ ―― 183

素人《しろうと》の口コミなど参考にしてはならない ―― 184

ホームページやムック本、体験入所は参考にならない ―― 186

「寄り添う」を確認して、ホームの質を垣間見《かいまみ》ること ―― 187

自分は集団生活ができる人間かどうか ―― 189

男性は老人ホームには向かない ―― 190

老人ホームが終の棲家とは限らない ―― 192

今のホームでうまくやるか、転居させるか？ ―― 194

そもそも親をホームに入れて良かったのだろうか？ ―― 197

最後まで同じホームで生活することのウソ ―― 198

終章　メメント・モリ
～これからの介護はどうあるべきなのか～

あらためて介護保険制度を考える　202
先祖返りする介護保険制度　209
介護職員の気持ちを無視した保険制度　213
介護職員がやる気を取り戻すには　215
生かす医療から殺す医療へ――安楽死という選択　217
低所得者のための就労型老人ホーム建設を　221
「医療と介護」から、「宗教と介護」の連携へ　223
宗教をタブー視しない老人ホームがあれば　227
よく死ぬことは、よく生きること　228
残された時間を可視化することの大切さ　230
高齢者が希望を持って生きていくには　233

序章

高齢者に希望はあるのだろうか？

子供の世話になりたくない！

私は今、54歳です。あと10年ぐらいは仕事がありそうなので、それまでは何とか生きていくことができそうです。しかし、それ以降のことはまったくわかりません。このことを真剣に考えると、恐ろしくてたまりません。私が何に具体的な不安を抱えているのか？それは、もし働けなくなり、収入の道が途絶《とだ》えてしまった場合、どのように生きていこうかということです。収入の道が途絶えた私は家族に迷惑をかけることになってしまうと考えるからです。

私には妻がおり、妻は定職を持っています。そして子供もいます。10年後には子供も社会人として自立し、自分の家族を持っているでしょう。その状況の中で私は、彼らの経済的な負担にはなりたくありません。もっと言うと、私が生きているために家族の負担になることは、きわめて不本意なことだと考えています。

もちろん10年後に自分がこの社会から消滅した場合、家族は少なからず悲しい思いをすると思っています。しかし残された者の悲しみは、時間が解決してくれるはずです。

こう考えた場合、高齢者が周囲を意識して高齢期の生活を維持していくためには、やはり「健康」と「お金」はきわめて重要なツールだと私は考えます。こういう話をすると、健康はともかく、お金については家族で助け合えばよいのでは？　と主張する人たちもいるでしょう。でも私はその考えに懐疑的です。

家族が助け合うということは、ようするに子供の世話になるということです。懇願すれば年老いた親を助けてくれるのでしょうが、私自身がお願いをしたくないし、私のために無理や犠牲を払ってほしいとは思いません。

また、ある人からは「もし、お金がなくなったら生活保護制度を利用して生きていけばよいのではないか」と気楽に言われます。

しかし皆さんは生活保護の実態について、どれだけ詳しく知っていますか？　私が生活保護制度について知っていることは収入が途絶え、仕事ができない状態になった場合、生活をする上での必要最低限の給付を国から受けることができる。その給付額は、家賃や生活費などを合わせて東京圏ではおおむね13万円から15万円程度だということです。さらに医療保険の1割から3割の負担がなくなるので原則、医療機関を受診してもお金がかかりません。介護状態になった場合、介護保険事業者から提供される介護サービスの自己負担額も不要になります。

しかし、その手続き方法をはじめ、どのような状況や条件になった場合、生活保護を申請できるのかといった基礎知識が少ないので、一般論ではわかっているような気がしても自分がスムーズに受給できるイメージがわきません。

これは、「借金をしまくって返せなくなったら自己破産をすればいいじゃないか」という話とよく似ています。多くの皆さんがその全容を正しく理解できていないので、実は〝わからないこと〟だらけなのです。

ちなみに多くの介護保険事業者やその関係者は、生活保護受給者のことを「生保」と呼んでいます。以前は、自己負担額のとりっぱぐれがなく、クレームを言ってくる家族もなく、いわゆる「美味《おい》しいお客」だったのです。ところが最近は、介護保険報酬が改正のたびに減らされ、介護保険報酬以外の収入の道を模索しなければならなくなってきています。そして支払い余力のない「生保」を積極的に受け入れようというマインドが消失しつつあります。職員や利用者などのモチベーションを上げるために、事業所内で小旅行を企画した場合、1人当たり5000円の自己負担が必要だとすると、担当介護職員からは、「Aさんと Bさんは生保でお金がないから参加できない」という具合になります。仕方がないことですが、介護職員のモチベーションは下がります。

余談ですが、私の専門である老人ホーム業界でも要介護3以上の生保受給者は、金の卵として多くの低額老人ホームで大歓迎をされています。介護認定を持っている生保受給者以外は入居をさせないというホームも少なくありません。報酬の取りっぱぐれがないことと、うるさい家族がいないことが最大の理由です。

私の肌感覚からすると、生活保護制度について多くの国民は、仮に自分に利用できる要件が整っていたとしても、その選択をすることなく、人生を終わらせている人が実は多くいるのではないかとも考えます。

そう考える理由の1つに、生活保護制度が国民の権利というのであれば、なぜホームレスが存在しているのかという疑問があります。誰が考えてもホームレスは、お金がなく生活に困窮していることは明らかなので、生活保護の対象に間違いなく入ります。しかし実態は、彼らは路上で生活をしています。つまり何らかの適格要件が欠けているということなのだと推察できます。もし生活保護制度が憲法に保障された権利であれば、行政がパトロールをして路上生活者を強制的に保護することが義務のような気がします。しかし、そのようなことを実施している気配はありません。たまに慈善団体などが炊《た》き出しをやったり、テント村を作ったりしている様子が報道されている程度です。

ある人は、ホームレスの多くは自ら進んで路上で生活をしていると言っています。つまり自分の権利を自分で放棄しているのだから仕方がない、と。またある人は、彼らの多くは精神的な疾患《しっかん》を抱えているため、保護施設での集団生活が苦手である。何回保護しても、そのたびに失踪《しっそう》してしまうとも言います。その道の専門家の意見なので、もちろん事実なのでしょうが、制度の運用には釈然としないところが残ります。

福祉の観点から考えた場合、一番重要なことは、それが「正しい」ということではなく、それが「優しい」ことかどうかだと思います。したがって本人から何も要求がないから、申請がないから、何もしなくても良いとか、本人が拒絶しているから放置していてもかまわないということではないのです。制度を熟知している人だけが得をしているような気がしてなりません。

私はこれらのことが国民の権利であれば、それこそ小中学校でしっかりと教育をする必要があると思います。日本人は真面目《まじめ》な国民なので、学校で習ったことは覚えているし、正しいことだという認識を持っています。だから学校でしっかりと教えるべきなのです。生活困窮者が専門家や政治家など行政に精通している人らに相談し、その結果として生活保護などの受給を受けることができたという話をよく聞きます。しかし、これは実におかしな話です。報酬（必ずしも金銭とは限らない）をもらって生活貧困者のコンサルをして、あたかも特権のように見せて尊敬や感謝をされていますが、実は誰にでもある権利を行使するだけの単なる手続きをしてあげているだけです。

そんな私が夜な夜な毎日、寝る前に考える自分の老後は正直暗く、そして不安なことだらけです。そして、その心配ごとの大部分は「お金」と「健康」のことになるのです。

もちろん私は、まだ死にたくはありません。しかし健康を害し、働くことができなくなった場合、ようするに収入の道が途絶えた場合は、自分の貯《たくわ》え、資産がゼロになるまでの間に死ななければなりません。子供はいますが、子供の人生を邪魔する資格は親といえどもないので邪魔はしたくありません。

親には、自分の子供を社会人として一人前に育てる義務があると考えています。したがって何であれ、学校を卒業するまでは生活の支援をしなければならないと思います。平たく言うと、それにかかる費用は親の責任で何とかしなければならない義務があると思っています。

しかし、子供が親の老後の面倒を見なければならない義務は「ない」と考えています。もちろん子供が親のことを想《おも》い、自分のできる範囲で支援をすることまで否定する気は毛頭ありません。むしろ理想的で美しい家族の在《あ》り方だと思います。しかし親の介護のために子供が犠牲になることを「当然だ」と考えることは受け入れられません。

介護の主体は国から都道府県へ、さらには市町村、中学校区へ

私の仕事である介護業界に目をやると、こんな現象が見えてきます。介護の世界では、2025年から〝地域包括ケアシステム〟が動き出します。今はその準備期間です。〝地

域包括ケアシステム〟とは今の中学校区を1つの地域に区分し、その地域の高齢者介護は地域内ですべて解決していくことを大前提とした高齢者介護の仕組みです。

業界内ではよく、次のような説明を目にします。

ある地域全体を1つの病院や介護施設と仮定すると、自宅は病室、道路は廊下、病院や介護事業所は、ナースセンターや介護職員室になります。したがって24時間365日にわたり、地域という施設内、廊下という道路を使い、医療や介護事業所の職員が走り回り、自宅という病室を切れ目なく訪問しながら要介護者を管理していくことになります。今は当該地域内には、どのぐらいの高齢者が暮らしているのか？　そして、その高齢者を地域という名の施設内で医療介護するには、どのような医療機関が、どのような介護施設が、のくらい必要なのか？　を見極める作業をしているところです。当然、必要な量だけではなく、質も問われます。どのような医療、介護が必要なのか？　といった話になります。

さらに「予防」というキーワードが最近では強調されてきています。つまり重症化してしまうと地域の負担（金がかかる）が大変なので、重症化しないように予防に力を入れる政策を重視する流れがあります。医療業界には「トリアージ」という認識があります。これは災害地で多数の患者を限られた人員で治療するには、まず患者を重症度に応じて仕訳し、軽傷は後回し、逆に深刻な重体者も後回しにして、1人でも多くの命を確実に救っていく効率を考えるというものです。ちなみにこのケアシステムでは、地域のことは地域で完結させるものです。地域内の限られた資源で対応するために、このトリアージの考え方が導入されると私は考えています。

介護保険制度が始まった2000年は、国と都道府県が保険者としての主体でした。当時、私たち介護事業者は、何かにつけて相談に行くのは都道府県だったと記憶しています。それが年々、都道府県から市区町村にその主体が移行し、今ではほとんどのことは市区町村に相談に行くまでになっています。さらに2025年に地域包括ケアシステムが始まれば、中学校区に設置されている〝地域包括支援センター〟が中心になります。細分化された各地域で地域の高齢者介護を完結させるということになるような気がします。

地域のことは地域内で解決をというテーマは解釈を少し変えると、自分たちのことは自分たちでということになるのではないでしょうか。なぜなら人の集まりが〝地域〟であり、〝地域〟の集まりが〝市区町村〟になり、その集まりが〝都道府県〟になるからです。その最大形が国家ということになります。この流れ、つまり地域のことは各地域で完結との流れは、ひいては家族のことは家族で解決を、となるとのことです。

意地悪な言い方をすると、今までは少なからず国に国民を守る能力（余力）がありました。この「余力」とは財力の話だけではなく、国家と国民という関係を考える上での概念にも及びますが、今後はこの概念が変化していくのではないでしょうか。

つまり財力のあるなしにかかわらず、国家が国民の生命をどこまでのレベルで責任を持たなければならないのか、その変化が起きてくるのだと思います。国民の老後の面倒を国家としてどこまで見るべきなのか？　ということです。「ここから先は自己責任で」ということにしたいのでしょうが、それでは国民が黙っていないため、一応介護保険制度という形だけの制度は作っておこう。しかし、この制度は、現実的には使いにくい制度にしてしまい、結果、使う人の総数を減らしてしまおうという作戦なのではないでしょうか。

私たちの老後は、国家が面倒を見ますよ的な話になっていますが、その実、国は都道府県に、都道府県は市区町村に、市区町村は地域にと責任の主体を少しずつ移動させ、最終的には地域から「家族」という集合体に負担を負わせようとしているような気がしてなりません。家族の負担を減らすための介護保険制度であり、家族のレスパイトケア（介護から解放された休息）のための介護保険制度であることは間違いありませんが、その裏で人の生き死にについては、「自己責任」「家族責任」に落としこむ話になっていくような気がしています。

だから自分の老後は自分で考え守らなければならないし、長生きを望んでいるのであれば、何はともあれ「お金」を十分に確保しておかなければならないと考えています。

家族に頼った介護の悲劇

私の過去の経験から、考えてみたいエピソードを1つご紹介します。

私のクライアントだったある人から聞いた話です。その人は涙ながらに私に語りました。その人には一人娘がいましたが、結局、誰とも結婚をせずに晩年を迎えてしまいました。理由は、おばあちゃんの面倒を自分たち夫婦に代わって一人娘が見ていたからです。当時、夫婦は父親から引き継いだ商売をもっと大きくしようと、それこそ寝食を忘れ夢中で働いたそうです。その甲斐《かい》あって事業は大きく成長し、今では都内に十数棟の貸しビルを所有する大資産家になっています。しかし、その陰で結婚適齢期だった一人娘は、おばあちゃんの介護に孤軍奮闘、気がつけば40歳を超えた今でも独《ひと》り身だといいます。おばあちゃんの犠牲というよりも、自分たちの犠牲、商売の犠牲になった娘が不憫《ふびん》で申し訳なくて仕方がないと言います。

もし当時、今のように老人ホームが一般的に普及していれば、きっと娘にも違った道があったに違いないと言っていました。当時、おばあちゃんを老人ホームに入れるという発想すらなかったといいます。実はこの話には少し変わった〝オチ〟が最後にあります。当時、不動産会社のサラリーマンをしていた私に対し、このクライアントは「うちの娘はあなたよりもだいぶ年齢は上だけど、娘と一緒になってくれれば、この家の財産はすべてあなたの自由になるから考えてみてくれないか」と最後に言われました。もちろん、諸事情を熟慮し、丁重に辞退申し上げた次第です。

このエピソードには2つのエッセンスがあります。1つは、介護というキーワードで子供の将来をダメにしてしまった親の後悔です。そしてもう1つは、いくら使いきれないほどの十分な財産があったとしても、けっして幸せだと実感できないという事実です。

老後はたしかにお金は重要です。でもお金があれば、すべてを解決できるというものでもありません。おおむね解決することはできますが、解決できないこともあり、お金の備えは本当に難しいものだと思います。考えれば考えるほど高齢期の生き方とは、実に厄介なものだと思います。

本当に残念なことは、医療保険や介護保険制度があるにもかかわらず、多くの庶民にとって長生きが「希望」ではなく「リスク」になってきている事実です。かつて高齢期の将来の不安は、家族との「絆《きずな》」で解消してきたはずです。高齢期の親の面倒は、子供が見るのが当たり前という時代が日本にもありました。今でも一部の地方には残っているのかもしれません。しかし、それは家族の仕組みが家長を頂点としたヒエラルキーが存在していることで成り立っていたはずです。

その昔、相続は世襲制度であり、親の財産は子供の誰かが独《ひと》り占《じ》めすることによって家を守ってきました。そして親から相続を独り占めした子供は他の子供に代わり、最後まで親の面倒を見る義務を負っていました。だから昔の親は、今の生活を切り詰めてでも子供を多く作り、できの良い子供を「この子は」と見込んで自分の老後の生活を託《たく》していたに違いありません。

そして他の子供は、親の老後の面倒から精神的、経済的にも解放され、自由に自分の人生を生きることができたのだと思います。財産はもらえないので、すべてを一から自力で切り開く必要はありました。中には、貧困生活を余儀なくされるケースも少なくなかったでしょう。しかし家族というシステムの中の各自の役割分担で不足している部分は、相互扶助になっていたのだと思います。

親の財産は一番優秀な長男が引き継ぎ、親の面倒も当然、長男が見ます。次男や三男は、田舎にいても仕事がないので都会に出てきて仕事を探します。自分1人の生活を考えれば良いのですから、考えようによっては思い切ったことができ、中には事業を起こし成功する者も出てきます。当然、うまくいかない者も多くいますが、その場合はまた田舎に帰ります。田舎に帰れば、親の財産を受け継ぎ家を守っている長男がいるので、しばらくの間、長男が親代わりになって生活の面倒を見てくれるはずです。そしてその間に生活を立て直し、また勝負ができるようになれば再チャレンジすることも可能です。これが昔の家を中心とした家族システムではないでしょうか？

しかし今は、相続は子供であれば全員平等であるという「不公平」がまかり通っています。平等にお金や資産を分配するのであれば当然、使役も平等に担《にな》うことが真の平等ですが、多くのケースで使役は不平等になっています。だから相続が「争続」になってしまいます。

今の相続の仕組みは家族制度の崩壊を助長し、家族という集団を弱体化させているだけだと思います。昔は家族や親せきを含めた一族が社会保障制度そのものであり、一族のセーフティーネットだったはずです。それを制度として崩壊させたのだから、国がその役割を担うべく仕組みを作るのは当然です。よって年金、医療、介護などの社会保障制度が生まれてきたはずです。

しかし今、家族（相続）の制度は変えずに、役割だけ家族に戻そうという動きになっているように私には見えて仕方がありません。

だから年金支給に疑念が生じ、年金の信頼性が大きく揺らぎ始めると、家族に代わって心のよりどころになっていたものがガラガラと音を立てて崩壊していきます。何とも言いようのない不安感が社会の中に錯綜《さくそう》し、底なしの不安感が漂っています。

高齢期の不安を拭《ぬぐ》い去る制度の1つに介護保険制度があります。しかしこの介護保険制度は危機を迎えているのではないでしょうか。

その理由を、本書の中で私なりの視点で考えて論じています。本書を読み進めていかれると、介護保険の概念自体は間違っていないことがわかります。間違っているのは、介護保険制度の運用方法ではないかと気づかれるでしょう。運用方法となれば、それは事業者側と利用者側の双方に対する教育や知識の不足ということになります。さらに日本の社会保障システム自体が家族システムに代わる社会保障システムであるということを、常に傍《かたわ》らに置いておかねばならないと思います。

本書は私の仕事である高齢者介護で見てきたこと、感じてきたことを通して高齢期の生き方、死に方を考える目的で書きました。私の好きな言葉に「よく死ぬことはよく生きること」というのがあります。「死ぬ」ことを真剣に考えると、おのずとどう生きようか、またはしっかりと生きなければならないという、生きることの重要性に目覚められるはずです。結果、しっかりと生きていくことができると解釈しています。

病院と老人ホームを混同してはならない

まず病院と老人ホームとは、まったく違うことを理解しなければいけません。

病院から退院を迫られ、急遽《きゅうきょ》老人ホームを探すケースがよくあります。そして多くの方々が、病院から老人ホームに何も考えずに「転院」しています。ここでよく考えてほしいことがあります。それは老人ホームと病院とでは、その目的がまったく違うということです。病院は、病気や怪我《けが》をした人が治療に来る場所です。したがって治療が終了すれば退院するのが普通です。病院の場合、明確に「治す」という目標があり、治れば自動的に退院になっていきます。

しかし老人ホームには、退院という概念はありません。さらに言うと、病院のような「目的」や「目標」もありません。あるのは、日常という生活だけです。

病院は短期間で退院することを目的としているので、滞在中の生活について重要視する必要はありません。したがって多少、違和感があっても無視をするか、我慢すればよいことになります。担当の医師や看護師が気に入らなくても、隣のベッドの患者とウマが合わなくても、入院中の間だけなので辛抱すればよいのです。どうしても嫌な場合でも、早く良くなり早く退院すればよいと考えれば我慢もできます。

しかし老人ホームは原則、永住するところなので、そうはいきません。介護職員らと仲良くできなければ悲惨です。隣の入居者とウマが合わないと、毎日が憂鬱《ゆううつ》になります。そして何より老人ホームの運営方法に違和感があれば、毎日、不愉快なことが続きます。ここが病院とまったく違うところなのです。

病院は具合が悪くなった場合、救急車が勝手にあなたを搬送し、勝手に搬送された病院にそのまま入院することになります。また自ら受診した場合でも、診断の結果によって必要があれば入院の指示が医師から出るのが普通なので、自分の意思で入院するということはありません。これが病院入院の一般的なプロセスです。

つまり病院は居住空間ではなく医療施設。目的が明確な場所なのです。しかし老人ホームは施設ではなく、生活を目的とした住宅です。入居者が自らの意思で老人ホームを選ぶのが普通です。日当たりが悪いとか、駅から遠いとかという理由も選ぶための要素になります。さらに何より重要なことは、老人ホームで提供されている介護支援サービスにどのようなものがあるのか？　どのような約束事があるのか？　ホーム長の介護に対する考え方や介護職員の人となり人間性はどのようなものか？　ということです。

しかし現実的には、多くのケースで生活の場であるはずの老人ホームであるにもかかわらず、その入居の仕方が病院と同じになっていることが目立ちます。ある人は病院から追い出されるので、早く次の受け入れ先を探すということで老人ホームを探します。またある人は自宅に帰ることができないから老人ホームを探します。そして、ほとんどの人は1回程度老人ホームを見学に行っただけで、その場で申し込んでしまうのです。病院に入院する感覚と同じです。

しかし多くの方が入居してから「ここもダメ」「あそこもダメ」と言ってダメ出しをし、老人ホーム側と揉《も》め始めます。入居する前までは病院と同じ意識で探していたにもかかわらず、入居してそこに居住することになったとたん、住宅の入居者としての意識に切り替わり、クレームや不満を持つようになるのです。

もっとひどい話になると、入居前は「急いでいます、何とかしてください」などとまさに、「拝みます」「頼みます」で入居をごり押ししていたにもかかわらず、入居してしまうと、ホーム運営に対し苦情を言う入居者も少なくありません。ある介護職員は、「介護現場では、相手のことを考えて良かれと思ってやったことがアダになるケースが多い。だから、もう余計なことはやらないと決めています」と言います。そして多くの介護職員は介護をやっていることに対し疑問を感じ、数カ月間で辞めていってしまうのです。

介護職員の退職については後に触れますが、それは賃金が安いからでも仕事が大変だからでもありません。賃金はけっして安くはありません。仕事は重労働ではありません。私に言わせると素晴らしい仕事、楽しい仕事です。しかし介護職員は辞めるのです。

介護職員自身の問題も多々ありますが、暴君のような入居者やその家族に嫌気が差して馬鹿馬鹿しくなって辞めていくという事実を理解しなければなりません。そして暴君になる入居者やその家族の多くは、老人ホームというより介護保険制度のことを知らないために暴君になっていくのです。

サービスは当然だと思っている入居者の傲慢《ごうまん》

少し介護保険制度の話に触れておきます。皆さんは自助、互助、共助、公助という言葉を聞いたことはあるでしょうか？　介護保険制度は、このキーワードがすべてです。

保険制度導入時の２０００年に一部の有識者を中心として、介護保険制度に対する間違った認識が示されてしまいました。以来、多くの介護保険事業者は、間違った運用をしてきています。そして今もその呪縛から多くの事業者が逃《のが》れられないでいます。私が初めて介護職員として入った企業もどちらかというと、間違った認識の権化《ごんげ》のような会社でした。

介護職員として入職した当時、一番最初に会社から覚えさせられた言葉は、「当社は入居者や家族のリクエストに対し、絶対にＮＯという言葉を使ってはならない」ということでした。業界の有力企業だったその会社は周辺からは「ＮＯと言わない○○園」と評され、多くの職員もまんざらではなかったと思います。

当時は、「入居者のリクエストである」と言えば、ほとんどのことが許可されました。

「入居者様が寿司を食べに行きたいと言っています」

「A職員、同行してください」

「入居者様が国技館で相撲を見たいと言っています」

「B職員、一緒に行ってください」

「入居者様が今までの行きつけのZ病院に受診を希望しています。片道2時間はかかりますが、どうしましょうか？」

「C職員、同行してください」

という具合です。当然、別途料金は取りません。それらのことをすればホーム内で業務をする職員が少なくなるため、他のホームよりも多くの介護職員を配置しなければなりません。つまりホーム経営が劣化していきます。しかし会社はそんなことはおかまいなしで、入居者様のリクエストに応えなければなりませんでした。介護事業、老人ホーム事業はサービス業だからとの方針を変えることはありませんでした。結局、収益が悪くなり他の事業体に買収され、今は影も形も残ってはいません。

しかし当時の介護業界では、このような考え方はけっして珍しいものではなく主流でした。われわれ介護職員は限界を超えた仕事をしながら、心ある家族からの感謝の言葉を胸に仕事を継続していました。隣のライバルホームが夜間の入浴を始めたと聞けば、「うちは24時間入浴が可能としようじゃないか」と言う職員が出てくる始末です。介護職員が足りなくなるので増員を本社に依頼しようということになり、数週間後には増員された介護職員が配置され、24時間の入浴が始まります。だから会社が潰れたのです。過剰すぎるサービス合戦と過剰すぎる入居者至上主義によるものです。

有名な歌手が「お客様は神様です」と言っていましたが、私に言わせれば神様は心が広いので多少のミスは許してくれます。しかし今の入居者は人のミスを許してはくれません。叱責《しっせき》されるのは当たり前で、たちが悪いと損害賠償を求められます。だから「お客様は神様であるはずがない」と私は言っています。

話を戻します。介護保険制度の精神にある自助の精神は、自分のできることは自分でやる、ということになります。

互助の精神は、自分でできないことは家族がやるということになります。

共助とは、介護保険事業者のことを指します。

そして公助は行政、国のことを指します。

つまり介護保険制度とは、まず自分のことは自分でやることが重要であり、その次の優先順位として家族が対応することになります。それでも対応ができない場合は介護保険事業者などのプロの手を借りることになり、それでもどうにもならないケースでは行政が最後の砦《とりで》になるとなっているはずです。

介護保険制度は、40歳以上の皆さんが負担している介護保険料と税金とで成り立っています。だから1割や2割の費用負担で介護サービスを受けることができるのです。勘違いしている人の多くは、自分たちは介護保険料を支払っているのだからサービスを受けることは当たり前だと思っています。実は、税金で成り立っているだけです。

つまり目の前にいる介護職員が支払っている税金の一部で介護保険サービスを受けていることにもなるのです。一部の要介護状態の高齢者に対し、全納税者の血税が使われています。だから介護サービスを受けるのは当たり前だという考え方は、正しいとは言えません。感謝して受けるという姿勢が重要だと思います。

私が勤務していた当時の介護会社は間違った介護をしていました。だから無くなったのかもしれません。お客様は神様ではなく、同志です。老人ホームの場合、入居者と事業者がともに考え、ともに協力して運営をしていくことが正しい介護保険事業者としての在《あ》り方だという気がします。

私は、以前に不動産市場に存在していたコーポラティブ住宅のような老人ホームがあるといいのではと考えています。入居者同士が費用を出し合い、介護職員やホーム長を入居者が雇って運営していく。要は入居者が株主ということになります。そして何らかの理由で老人ホームが不要になった場合、その株を次の入居希望者に売却するというスキームです。もちろん税制など専門的な課題を考えなければならないはずなので、簡単な話ではないことは承知しています。しかし究極的な老人ホームの形は、誰かに運営を任せてやってもらうのではなく、自ら運営に関与する形ではないかと思います。

そして重要なことは、出資した資産が換金できるものであること。入居が必要な次の高齢者がその株を取得して入居するのです。「素人《しろうと》が運営なんて」と考える方もいると思いますが、運営はプロに委託すればよいのです。株主として経営に関わり、チェック機能を果たせばよいと思います。

第1章

高齢者の実態は、こう変わってきた

元気でない高齢者は、「生きている資格がない」

いったい、いつの頃までだったのでしょうか？　長生きの高齢者がマスコミで、もてはやされていたのは。

その昔、〝金さん、銀さん〟という100歳の双子のおばあさんが一世を風靡《ふうび》しました。連日連夜、テレビやラジオなどのメディアに出演し、まるで有名タレントのような扱いだったと記憶しています。さらにその昔、たしか鹿児島県徳之島《とくのしま》に、世界最高齢のおじいさん泉重千代《いずみしげちよ》さんがいて、テレビなどで大きく取り上げられていました。

年がら年中、ご長寿高齢者がメディアに登場し、私も含めた多くの国民が、長生きをすることは「素晴らしいことだ」という認識を持っていたと思います。私自身も、自分が長生きをすることに対し、微塵《みじん》の不安も感じず、当然、「自分も100歳まで生きることができれば生きていたいなあ」と思っていました。

あれから数十年、現在はどうなのでしょうか？　少なくとも私は自分の高齢期のことを考えると、心配で心配で仕方がありません。仕事を引退した後、つまり収入が途絶えた後のことを考えると、途方に暮れてしまいます。

私は仕事柄、ほぼ毎日電車に乗るのですが、その時に中吊り広告をよく観察するようにしています。雑誌や書籍、テレビや映画などの広告が所狭しと躍《おど》っているので、中刷り広告は、現代社会の世相を映し出す鏡になっていると思っています。

私が介護職員をしていた頃の中刷り広告には、よく「介護地獄」的な見出しが躍っていました。長寿社会を迎え「認知症」という高齢者独自の病気がクローズアップされ、「呆《ぼ》けたら地獄である」と社会に周知され始めました。それまでも、たしかに「ぼけ老人」というキーワードはありましたが、あくまでも一部の人の特別な現象であるという理解が強く、自分たちには関係のないものという認識だったはずです。

しかし、「ぼけ老人」は「認知症高齢者」に代わり、認知症は病気であり、明日はわが身であるという風潮に代わりました。そして自分も将来認知症になるのでは？　という何とも言いがたい恐怖心というか、当事者意識、自覚が芽生《めば》えてきたのです。

この頃から、高齢者特有の病気として「呆け」がクローズアップされ始め、それらの高齢者に対し、「ぼけ老人」という表現から「認知症高齢者」という表現に変わったと記憶しています。

高齢者を取り巻く状況は目まぐるしく変わっていきます。高齢者に関する介護にかかわる課題、たとえば、どのような介護サービスを受けるべきなのかとか、要介護高齢者を抱える家族の悩みなどが電車の中吊りを賑わします。そしてその後、キーワードは〝尊厳死〟

とか〝看取《みと》り〟へ変わっていきます。「尊厳死」や「看取り」などのキーワードが躍り始めた頃、それまで、もてはやされていた長寿高齢者への賛美や喝采は、鳴りをひそめていったように私は記憶しています。

読者の皆さんにお聞きします。皆さんの周《まわ》りで、長寿高齢者に対するお祝いを盛大にやっている地域や行政はありますか？　金さん銀さんが社会現象だった頃は、１００歳以上の高齢者や政財界で活躍していた高齢者などに対し、大臣や知事などからお祝いが届いたり、時には直接お祝いに彼らが自宅を訪れたりしていました。

さらに「尊厳死」や「看取り」と対比するかのように、「元気な高齢者」というキーワードも、社会を大いに賑わしていたと思います。

私の記憶では、たしか90歳を優に超える高齢者が毎日、電車に乗って会社に通勤されていると、大きな話題になっていました。ご本人はインタビューの中で、「今はセカンドフライトの最中、つまり人生2回目のサラリーマン生活を送っているところです」と話していました。60歳で一度会社を定年退職し、61歳からまた新人会社員として新しい会社に勤め、2度目の会社員生活30年を迎えています、という内容だったと記憶しています。なぜか2度目のサラリーマン生活というキーワードが私の頭に残っています。

これらのことを思い出して、私は今、何を感じているのか？

その昔、長生きは美徳であり、賛美されるものでした。それは長生きができる人の数が多くなかったから、珍しい現象だったからだと思います。「長生き＝すごいね」ということだったのでしょう。

しかし、徐々に長生きをする人たちの数が増えてきて、一定以上の長生き高齢者が増えてくると、今度は具体的に困ることや都合の悪いことがクローズアップされていきます。代表的な話が医療費や介護費などの社会保障費用の増加です。経済が右肩上がりに伸び続けている状態であれば、さほど気になる問題ではないはずですが、今は経済が右肩下がりになっている状態です。さらに少子化により、働き手の数も減っている状態なので、生産する人と消費する人の勢力図を冷静に考えた場合、手放しで長寿を喜んでいられる状況ではないことは誰の目からも明らかです。

長寿を手放しで賛美していた時代から、徐々にそうも言っていられない時代に変わり、現在では、単なる長寿だけの高齢者がたくさんいても困るだけ。「元気で仕事のできる」「役に立つ長寿でなければ意味がない」となっているように感じます。

この考えはうがった見方をすれば、元気でない高齢者は「生きている資格がない」。もっと言ってしまうと、要介護高齢者は早く死んだほうがよいのでは？　と解釈することもできるのです。

介護業界は、単なる介護支援から予防介護へ

現在、介護業界では、要介護者に対する具体的な介護方法よりも、「介護予防」というキーワードが躍っています。

私の専門分野である老人ホームにおいても、かつては困難事例に対し勇気を持って立ち向かうサムライのような介護職員がエクセレント介護職員でした。ところが今は要介護状態になったらもうお終《しま》い。介護職員の役割は、高齢者が要介護状態にならないように、または、要介護状態から少しでも離脱することができるように、予防介護や介護の軽度化、介護の治癒《ちゆ》化を目指した改善介護支援に軸足が移っています。そもそも要介護状態にならない方法を模索するような研究や取り組みに、業界は積極的に移行しています。そして、それらに対する能力が高い介護職員が、エクセレント介護職員として着目されているのです。

かつて私たちが先輩介護職員から学んだことは、「介護は医療とは違う。介護は治すものではなく、その状態を受け入れるものである。その状態の中で一番安楽で安心な生活スタイルを提案し、その提案した生活を支えるために何が自分にできるのか？　これが介護

職員の仕事であり、介護支援である」ということでした。
しかし現在、その介護に対する価値観はおおむね大転換されつつあります。

「安楽死」が手放しで美化されていく世の中へ

現在、電車の中吊り広告の風景からは、「介護」のキーワードはずいぶんと少なくなっています。今後、私は中吊り広告に「安楽死」がキーワードとして大量に出てくるような気がしてなりません。

「長寿が最高！」から始まり、長寿によってもたらされる認知症など高齢者特有の病気の悲劇から家族の苦悩などに着眼点が移りました。その傍《かたわ》らで、「でも高齢者であっても元気な人はたくさんいるし、元気で仕事をすることは尊いことだ。そうであれば、長生きも悪くない」という論に。その後に、でもお金がないと高齢期の暮らしが維持できないという不安もあるというように変わってきました。

そして、要介護状態になって、自活することができなくなったら、周りも迷惑だから無駄に生きていることが幸せとは限らない、という論が出てきます。その論を肯定するために「尊厳死」や「看取り」といったキーワードで、人の死を正当化したり美化しようとしています。

そして今後は、「安楽死」というさらに一歩踏み込んだ事象、つまり、積極的に自分の生涯を閉じていくということが美化され、または、立派な話として社会全体に周知される日が来るのではないか、と考えています。

かつて、食べられなくなったら胃瘻《いろう》があった

私が介護職員になった頃は、口から食事ができなくなった高齢者は当たり前のように「胃瘻」になっていきました。「胃瘻」とは口から食べることができなくなった人に対し、お腹に直接穴を開けてチューブを胃に差し込み、栄養を送る方法を言います。

ちなみに口から食事ができなくなるということは嚥下《えんげ》機能が低下し、モノを飲み込む力、つまり食物を口から食道へうまく移動させることができなくなることを言います。この場合、誤って食物が気管支内に入ってしまうと、肺炎を引き起こしてしまいます。これが、俗に言う誤嚥《ごえん》性肺炎です。

以前から高齢者の死亡原因の多くは何だったでしょうか？　それは肺炎です。加齢が原因で食事がうまく取れなくなった場合、放置すると誤嚥性肺炎を発症し、死に至るケースは珍しくありません。したがって、うまく食べ物が摂《と》れなくなった場合は、「胃瘻」という処置を行ない、命を失うリスクを回避してきたわけです。

しかし今は、胃瘻の高齢者を見ることが難しくなってきました。胃瘻は「悪」であるという風潮になっているからです。「胃瘻を造設してまで生かしておくことは、何より本人が可愛そうだ」と当人ではない人が決めつけています。さらに風潮を気にしてかどうかわかりませんが、「胃瘻までして自分は生きていたくない」と多くの元気な高齢者が拒否するケースもあります。

口から食べ物を食べられなくなったら終わり、という考え方が日本にも定着してきたということだと思います。ベストセラーである『平穏死のすすめ』の著者であり、高齢者医療の第一人者でもある石飛幸三《いしとびこうぞう》先生の講演会に、私も何度か参加させていただいたことがあります。そこで石飛先生は長年、高齢者医療に携《たずさ》わった経験から口から食べることができなくなった高齢者に対し、無理やり食事を摂らせることは拷問にも近い行為だという趣旨の話をしていました。

人を自動車にたとえ、加齢により食事が摂れなくなった高齢者に対し、胃瘻などの方法で無理やり食事を摂らせる行為は、長年使い続け耐用年数が過ぎている自動車のエンジンに、オイルやガソリンをどんどん供給し、無理やり動かしている状態と同じだと、説明されていました。たとえエンジンはガソリンにより動いたとしても、電気系統など他の部品も同じように劣化しているので、結果として自動車はうまく走ることはできないはずだ。

食べられないという高齢者は、他の臓器も加齢によって機能が衰えているため、無理やり食べさせると身体にさまざまな悪影響が出現すると説明されていました。つまり、本人が一番苦しい思いをしているのだ、と。

したがって口から食べることができなくなったら、水分だけを摂りながら最期を穏やかに迎えられるようにすることが一番重要なことであるという内容の話でした。その話を聞いて、私は何度も何度もうなずいたものでした。私自身、もしそうなったら、そのようにしてほしいと切に願っています。

命の選択肢を奪う権利は誰にもないはず

私は今の高齢者をめぐる現象を非常に危惧《きぐ》しています。胃瘻をしてでも〝生きていたい〟と声を上げて主張しにくいという風潮があるのです。

石飛先生の論には、医療人として説得力があります。その通りなのだと思います。多くの高齢者やその家族、さらには多くの医療関係者、介護従事者からも支持されています。しかし、です。中には、どのような形であれ生きていたい人、または周囲から生きていてほしいと願われている人も一定数いるはずです。そういった声を上げることも憚《はばか》られるような今の風潮に対し、私は危惧をしているのです。

人の生き死にとは、きわめて個別性の高い個人の「意思」だと思います。それを「風潮」で封じ込めてしまうことに対し、私は気持ち悪さを感じてなりません。

私自身は、老衰で死ぬという当たり前のことに対し、高齢期の積極的な治療や延命には違和感を持っている側の人間です。しかし、生きるか死ぬかは自分で決めることであり、社会や医療の常識で押しつけるような性質のものではないと考えています。

生き死にに対し、胃瘻を選択しない正義も認め、選択する正義も認めることが重要なのだと思います。ちなみに医療保険報酬の改定により、胃瘻を増設するための手術に対する報酬が大幅に下がりました。ある医師の話によれば、「報酬が安すぎて割に合わないから、胃瘻造設の手術をする医師はいないし、高齢者に胃瘻を勧《すす》める医師もいないはずだ」と言っていました。しかし、この話を別の医師にすると、「それなら医者がいる必要はない。医者は患者の命を少しでも長く保持するためにいるはずだ」と力説されました。

何か、世の中はおかしなことになっているような気がしてなりません。

食べられなくなったら、それで終わり

世の中には胃瘻とまではいかなくても、自力で食べることができなくなるケースがあります。特に、認知症が原因の場合は深刻です。多くの場合、認知症により食べたこと自体

を忘れてしまい、結果、過食になって家族が閉口するのです。

認知症により〝食べる〟という行為そのものを忘れてしまうケースもあります。老人ホームでは、「昨日から何も口にしていない」「水分も体に入っていない」という要介護高齢者がけっこういます。それらの多くの人は、食べることを拒絶していています。しかし食べる機能が消滅しているわけではなく、単に食べるという行為を忘れているだけなのです。

このような場合、〝食事介助〟という介護支援を介護職員は実施します。食事介助という業務は介護職員にとってきわめて重要な業務です。単に食事を食べさせるという行為以上に、その行為を通して何を感じるのか？ということが重要だからです。私は、食事介助は「介護の本質に迫る行為」であると位置づけています。

少し話がそれてしまいますが、私は刑務所に服役をしている受刑者らの更生プログラムに、ぜひ高齢者介護施設などでの「食事介助をする」という役を課すことを勧めたいと思っています。更生させるためのプログラムとして食事介助は、きわめて効果的だと考えているからです。

まったくの無防備な要介護者（弱者）が自分の目の前にいて、自分の差し出すスプーンの上に乗っている食物を何も考えず、全幅の信頼の中で口の中に入れ命を維持しているさまを見ると、誰しも自分が目の前にいるこの人の命を繋《つな》いでいるという実感がわき上がってきます。そして多くの人は、この業務を通して、「自分がしっかりと食事を与えなければ、目の前にいる人は、簡単に死ぬ。つまり自分がこの人の殺生権を持っているのだ」という使命感が生まれてくるはずです。その気になれば、毒を食べさせることも簡単です。食事を摂らせず餓死させることもできます。まさに食事介助は、介護職員が介護職員として仕事をしていく上で必要な考え方を確認させられる仕事なのです。

食事介助の業務を通して、人が感じることは、「生きることとは何か」ということです。人が生きているということに対し、自分がその命を支えているのだということを実感することができるのです。「だから自分が責任を持って食事を食べさせなければならない、というよりも食べてもらわなければならない、いや、食べてほしい」という気持ちになっていきます。

人は、自分よりも劣っている人の世話を焼くという行為を通して、自分が役に立っているということを実感することができ、高い自己満足を得ることができます。介護とは人の世話を焼くことで結果的に、自分の満足度、存在価値を認識できる仕事なのです。

だから罪を犯し、罪を償《つぐな》っている人には「食事介助」を通して、更生することができると私は考えています。

「食事介助は虐待である」

話を戻します。今、介護業界では、この食事介助について「虐待だ」という話が出ています。食べたくない人に対し、無理やり食べさせることを虐待であると見なしましょう、ということのようです。

たしかに食べたくない人に対し、無理やり食べさせることは問題なのかもしれません。介護現場では、食べたいかどうかの本意がまったくわからない要介護者に対し、介護職員側が「きっと食べたいはずだ」とか「食べたほうがいいに決まっている」という判断のもとで食事介助をしています。

当然、認知症なので本人の本当の意思は確認のしようがありません。私の経験でも四六時中、常時目をつぶっていた入居者がいました。もちろん食事の時もです。そして私が口元にスプーンを持っていくと、機械的に口を開け、食べ物を飲み込むことを繰り返していました。

しかし、この行為は日によって違います。口をまったく開けない日もあれば、スムーズにスプーンを口に入れさせてくれる日もありました。さらに口を開けて食べながら、「食べたくない」と大声で訴えることもあります。

現象から判断すれば本人の意思は、「毎日変わる」ということになります。このケースの場合、もし調子の悪い時に日頃の状況を理解していない無責任な第三者が目撃したとすると、「なんてひどいことをするのか！」「あんなに食べることを嫌がっているのに、無理やり食べさせて！」となります。

しかし私たちは、調子の良い日も悪い日も要介護高齢者に食事を食べてもらうために食事介助を継続しています。この業務が正しい行為なのか、間違っている行為なのかなど考えたこともありません。考えていたのは、人が生きていくには食事が必要だから、生きていくには食べなければならないということだけでした。

私が食事に対して危惧しているのは、介護を医療のように「仕組み」や「エビデンス」で、すべてを片付けていいのか？　論じていいのか？　ということです。

医療は病気や怪我を治すために存在していますが、介護は人を治すという立場では存在していません。治すのは医療の仕事です。介護は、その人の生活を支えるために存在しています。人の生活のことなので、当然割り切れないことばかりです。その割り切れないことに対し、どうやって折り合いをつけていくのか？　ここが一番重要なことなのです。

嫌がる要介護高齢者に無理やり食事介助をすることは虐待だと評価されてしまえば、介護職員は食事介助ができなくなります。ある人は、「要介護高齢者の口元までスプーンを持っていくことはOK。その要介護高齢者が自ら口を開ければ、スプーンを口の中に入れて食事介助を行ない、口が開かなければ食事介助は中止するというルールにしたらいいじゃないか」と言っていました。

介護とは、食べられない高齢者にいかに食べてもらえるかを考えるもの

たしかに、わかりやすいルールだと思いますが、私の経験で申し上げると、口は開いたり開かなかったり、日々違います。介護職員は、食事をうまく食べることができない要介護高齢者に対し、どうすれば食事をしてくれるのか？　とさまざまな取り組みをするものです。

A職員やB職員が何度アプローチをしても食事を食べなかった入居者がC職員のアプローチでは食事を食べた、とすると現場の職員は「さすがCさん！」という賛辞を送ります。C職員のモチベーションも当然上がります。

この一連の行為自体が、実は介護職員の離職軽減に貢献しているのですが、残念ながら、今の介護現場は、机上の空論である介護保険制度に振り回されているので、このような介護支援ができるような環境にはありません。詳細は後述しますが、医療現場と同じでエビデンスと証拠記録が重要であり、それ以外の仕事は余計なことであるとし、報酬の対象に

はならないのです。いくら懸命に取り組んでいても、単に介護職員が忙しくなるだけなので、積極的にやろうという会社はありません。

つまり、これからの高齢者は「自力で口から栄養を摂れなくなった時点で人生は終了」となっていくはずです。

延命治療を残酷とするイメージ戦略

今の世の中、延命治療は「残酷なこと」というイメージがあるようです。そして延命を望むことは「悪いこと」として世の中に広まっているように思えてなりません。私は、自分の生き死には、基本的に自分で判断することだと思っています。したがって他人から、どうのこうのと、とやかく言われることではありません。

「もう十分生きた」「思い残すことはない」という人は、潔《いさぎよ》く延命治療を拒絶し、静かに死を待てばよいのです。極端な言い方をすれば、やり残したことがないと考えている人は自殺もありだと思います。逆に、「まだ死にたくない」「もう少し、この世の中にいたい」と思っている人は、できうる限りのことをして生かせばよいと思います。

この考えを元にして、私が感じていること、気になることを記していきます。

多くの老人ホームでは、入居時に本人や家族とのカンファレンスを行ないます。その内容は、今後のホームでの生活に対するリクエストやホームの介護方針などの説明が多いのですが、最近では「看取り」についての話も多くなっています。

おおむね次のような話になります。ホーム側から家族に対し、「もしお父さんがホーム内で容態が急変した場合、積極的な治療を望みますか？　それとも積極的な治療は望みませんか？」という質問が出ます。

ここでいう積極的な治療とは、ただちに病院に搬送する行為を言います。そうでない場合は、主治医に連絡をした上で主治医の判断に任せることになります。その多くは、入居者の既往歴（現在の疾患や身体の状況）を把握している主治医が、今の状態を評価し、「苦しそう、痛がっている」ということであれば、その緩和処置を行ないます。治療をする余地があると判断すれば、必要に応じて病院に搬送、そうでない状況であると判断をすればホーム内で静かに見守ることになります。

多くのケースでは、家族らが「積極的な治療は望まない」と言ったとしても、そのまま何もしないで放置されることはありません。主治医の判断によって適宜適切な対応を取られるのが普通です。それでもこのようなカンファレンスにおいてはほとんどの家族が判で押したように「積極的な治療は望まない」という発言をし、その旨、書類にサインをするのが普通です。

家族の気持ちは常に変わる

しかしです。多くのケースでは、この判断は時に応じて覆《くつがえ》るのが普通です。

特に男性の場合、つまり息子さんの場合は、入居者が元気な時の回答は「積極的な治療はしないでください」と言うケースが多いのです。ところが、その状況になり、介護職員から念のための確認を入れると、入居者が母親の場合は「すぐに病院に搬送してください」ということになります。積極的な治療を希望する方針に代わるのです。

ちなみに不思議なものですが、娘さんの場合は、当初の判断を変えるというケースは、私の経験では少なかったような気がします。いざという時の覚悟は、女性のほうが確たる信念を持っているということなのかもしれません。

私が言いたいのは、盲目的に延命治療は悪であるという風潮に少し疑問を持っていることです。よく「病院のベッドで体中に管《くだ》を繋がれ、意識のない中で生きていたくはない」という発言があります。

たしかに体中に管が繋がれている状態を見ると、心が痛みます。スパゲッティ状態など揶揄《やゆ》する人たちもいます。管の役割は、排泄《はいせつ》物を体内から排出させるためと、必要な薬や栄養を体内に入れるためです。さらに血圧や心電図などを測定するために機械に線が繋がっているので、見ようによっては多くの管や線に繋がれ、何とか生かされているようにしか見えません。この光景が、人が自らの意思で生きているのではなく、何らかの力によって、無理やり生かされているように見えるがゆえに、そこまでして生きていたくないと思ってしまうのだと考えています。

人は皆、本当に自らの意思で生きているのか？

しかし、よく考えてみてください。私たちは本当に自らの意思で生きているのでしょうか？　この地球上に酸素があり、水があり、太陽の光があるからこそ、それを無意識に受け取り、私たちは生きているはずです。つまり自分たちで生きているのではなく、生かされているとなるのではないでしょうか？　少し宗教的な言い方になってしまいましたが、人は皆、何らかの得体のわからない力によって生かされているのかもしれません。

自分自身の人生において何ができなくなったら、何を失ったら「終わり」という価値観は、人それぞれでいいと思っています。管でも線でも何でもよいから、とにかく生きていたい人がいてもいいし、生きていてほしいと願う家族がいてもいいのです。

逆に、「○○ができなくなったら私は死んだも同じだ」という価値観を誰も否定することはできません。今、私が気持ち悪いと感じていることは、人の生き死にもルールがあり、社会の管理下に置かれ、社会から「こうあるべき」と強制されそうになっている点です。

「生きたい」という希望を、選択できなくなる日

介護業界では、「看取り」というキーワードが相変わらず躍っています。猫も杓子《しやくし》も「看取り」「看取り」と言っています。

老人ホーム業界には「看取り加算」なるものがあります。「看取り加算」とは、老人ホームなどで入居者を「看取る」。つまり病院に行かず、最後まで老人ホームで過ごして死んだ場合、1人に付きいくらという介護報酬を老人ホーム側は得ることができる制度を言います。平たく言うと、「看取り」をすると老人ホームの「売上」は増えることになります。

根拠のない傾向、風潮でしかないのですが、「看取り」に積極的に取り組んでいる老人ホーム、または看取りの件数が多い老人ホームは、介護能力の高い老人ホーム、優秀な老人ホームであるとなっています。その証拠に、多くの老人ホームのホームページやパンフレットなどには「看取り件数○件」とか「看取り可能」「豊富な看取りの経験あり」といった言葉が躍っています。

私も自身が老人ホームで介護職員をしていた頃は、何となくホームで入居者が死ぬことに対し、「誇り」のようなものを持っていました。

私が介護職員だった頃は、看取り加算のような制度はなく、入居者やその家族との関係性を深めながら、最後は病院ではなくホームで死にたい、死なせてあげたいという情緒的な取り組みでした。

当時は今と違い、多くの入居者は容態が悪くなると、必ずといっていいほどホームから病院に行きました。そして病院に入院し、そのまま病院で死ぬのが当たり前でした。老人ホーム内では、介護職員同士で、「きっと、Aさんはもうホームに戻って来ないね」と言いながら、しみじみしていたものです。入居者側も何となく理解をしていたので、中には「入院が今生《こんじょう》の別れになる」と理解していた入居者らが、入院前に親しい介護職員とお別れをしている光景も多々ありました。

私たち介護職員は、その一連の流れの中で自分たちの限界を感じ、しょせん介護はそこまでの仕事でしかないということを痛感しています。今までどんなに一所懸命に尽くしてきても、死にそうになったら当たり前のように病院に行くことになる。さらに悲しかったのは、当時は会社としては病院に搬送することが正しい行動であり、「医師が常駐していない老人ホームで入居者が死ぬなんてことがあってはならない。理由はどうあれホーム内で入居者が死んだ場合は変死であり、常に警察が出動する事件である」という認識があったと記憶しています。

したがって、容態急変は無条件で救急車を呼び、病院へ直行。とにかく生きているうちに病院に到着しなければなりませんでした。もし救急車の中で息を引き取れば、病院から受け入れを拒絶され、警察に報告、死因の検証が行なわれるという流れが常識だったのです。

命の価値を考えさせられた、救命救急での出来事

95歳の入居者の容態が急変し、救急搬送した時の話です。高齢による衰弱で瀕死《ひんし》の状態だったAさんは、なかなか受け入れ先の病院が見つからず、最終手段として地域の3次救急を担《にな》っていた大学病院に搬送することにしました。

3次救急とは、重症者を専門に受け入れる、いわゆる「救命救急センター」です。瀕死の患者が一刻も早く治療を受けるために搬送されてくる病院です。Aさんは救急車でこの3次救急に搬送されましたが、結果は「死亡」でした。私は処置が終わったAさんの亡骸《なきがら》を引き取りに処置室に入ると、副センター長と名乗る医師から次のような趣旨の話を受けました。

「老人ホームには医師がいないのか？　正直言って、連れて来られては迷惑だ。老人ホームの医師に診《み》てもらってほしい」と。彼の言いたいことは、「いつ死んでもおかしくない

ような、しかも寿命が尽きているような高齢者を、救命救急になんて連れて来ないでほしい。そのためにベッットが1つ埋まり、救わなければならない命を救うことができなくなる」というものだと理解しました。

たしかに、彼の言うことにも正義があります。人の命の価値に優劣はないと思いますが、戦場のような3次救命救急センターでは、やはり命に優先順位を付けなければならないことも多々あるのだと思います。私たちにとって、Aさんは長年生活をともにした大切な入居者の1人でしたが、彼らにとっては、すでに天寿を全《まっと》うした人であり、治療をする対象者ではないということなのでしょう。

実はこの話には後日談があり、私にメールでこの副センター長からは丁寧な謝罪の言葉を受けたのです。老人ホームの置かれている立場（3次救急の医師は老人ホームには常時医師が常駐していると思っていたが、実際は2週間に1回の訪問診療しかない）を理解できずに、頭ごなしにクレームをつけたことに対する詫び状でした。私も、3次救急を担っている医師の立場を老人ホームの職員はまったく理解ができていないことを詫びました。

数週間後、彼らが私の老人ホームにやってきて、3次救急の病院で働く医師の現状や立場を説明してくれました。私たちもやむをえず重篤な状態の高齢者を預かっている老人ホームの置かれている立場を説明し、相互に理解を深めることができたのです。

「ホームで死にたい」と言われると、介護職員のモチベーションは上がる

老人ホームのような環境の中で、ごくごくまれに「俺が死ぬ場所はホームだ。病院なんかじゃない」と言う入居者が出現すると、われわれ介護職員は「この人はわかっているな」と意気に感じ、懸命にケアをするものです。

私の経験でも、入院先の病院から早く迎えに来てほしいという連絡が入り、車で迎えに行くと、病院の看護師から「ホームに戻りたい、ホームで死にたいって言うので、主治医と相談してホームに帰ってもらうことにしました。後はよろしくね」と言われたことが何度もあります。看護師によると、いつ何時、心臓が止まってもおかしくない状態だと言います。そして本人もそのことは承知している、と。

この入居者Bさんは、日頃から介護職員と積極的にコミュニケーションを取るタイプではなく、どちらかというと、寡黙でひとり淡々と自分のやるべきことをマイペースでやっていた人でした。したがって特に親しい介護職員もホーム内にはいません。ホーム内で介護職員がこの人を好意的に捉えられていたのは、あまり自己主張をしないので、多くの入居者との調整弁として便利に使っていた節があるからでした。

たとえば、「どうしても今、入浴したい」と聞き分けの悪い入居者が出現した時のこと

です。本来であれば、Bさんの入浴の順番だったのに、介護職員がBさんに理由を説明すると、無言で首を縦に振って自室に戻っていくような人でした。

帰りの自動車の中で、私は「なぜホームに帰りたいのか」と質問しました。Bさんは自動車に固定された車いすに深々と座り、目を見開き、前を凝視《ぎょうし》しているだけです。こちらの質問には一切答えてくれません。しかしホームに自動車が到着し、リフトを使って自動車から地上に降りたその瞬間、「ありがとう」と一言、抑揚のない一本調子の声でいつものように言いました。

数日後、ホーム内の居室で1人静かに息を引き取りました。夜間に安否確認をした介護職員が異変に気がつきましたが、すでに亡《な》くなっていたそうです。私はたまたまその日は早番だったので、居室に伺い、亡骸《なきがら》と対面しました。本当に寝ているような穏やかな死に顔です。当時は、当然、これを「看取り」とは呼んでいません。

単にホームの看護師から介護職員に対し、主治医の指示ということで、「いつ死んでもおかしくない状態なので様子観察は強化すること。ついては通常は2時間から3時間おきに訪室する安否確認を昼間帯は30分おき、夜間帯は1時間おきに実施するように」と申し送られていただけでした。

何度も言いますが、当時は、ホーム内で入居者が死ぬことは、タブーだったのです。しかし介護職員側の立場で言うと、人生を全《まっと》うした人の死に立ち会うことは不思議とモチベーションが上がります。達成感があると言ってもいいのではないでしょうか？

このような経験をしてきた私は当初、「看取り」には大賛成の立場で仕事をしていました。「看取りは素晴らしい」と盲目的に思っていました。さらに言うと、「看取り」は、介護職員のスキルを上げる最大のものだとも考えていました。

猫も杓子も看取り看取り。これが本当に正しいのか？

しかし最近では、この「看取り」に対し、私は大いに疑問を持っています。正確に言うと、この行為に対してというよりも、「看取り」を美化する風潮に対して疑問を持っています。

多くの介護事業者、特に老人ホームなどの施設系、居住系といわれる介護保険サービスの事業者は、営業的な目的と職員の間の士気の向上などを目的として「事例研究発表会」と称する、介護職員が中心になって現場の事例を発表するイベントを開催しています。私も仕事柄、今まで多くの老人ホームの事例発表会に参加していきましたが、その発表の多くは看取りがキーワードになっています。それらの多くは感動のフィナーレで締めくくられています。

入居者Cさんとの日々のかかわりを通して、Cさんと最初は意思の疎通もうまくいかず、クレームばかりでしたが、努力の結果、わかり合えました。いよいよ持病が悪化し、治る見込みはないという判断を主治医がしたため、看取りとなりました。介護職員は看取りになったCさんと、どのように日頃から接すればよいのかを悩み、苦しみ、そして共感し、やがては看取りの最後を迎え、感動のクライマックスを迎えます。これが、おおむねの発表の内容です。会場内からは、すすり泣く声が漏《も》れ聞こえてきます。「良い話だったね」「介護職員は頑張っているね」という話になります。

当初、このような話を共有することになんら疑問は持っていませんでしたが、へそ曲がりな私は、ここ数年、疑問を持っています。人が死んでいくことを美化する必要が本当にあるのか？　人は死んでいく最中でも見本や手本になるような言動をしなければならないのか？　そもそも人が自然現象として死んでいくことを特別なイベントにする必要があるのか？　と。

そこに恣意《しい》的なものを感じます。介護職員のなり手が少ない昨今、少しでも介護職員の仕事に価値を与えなければならないので、看取りという感動のドラマを介護職員に提供して、介護職員のなり手を増やそうという魂胆ではないかと思うのです。

さらに排泄介護というような汚い、暗い、イメージの介護業界のイメージアップを狙おうということなのかもしれません。

しかし人は死ぬときまで、恰好《かっこう》をつけなくてはならないのでしょうか？「死にたくない」と泣き叫びながら死んでいくことが恥ずかしいこと、みっともないことなのでしょうか？ 私はそうは思いません。自分が死ぬ時にまで、冷静さを保ち、周囲に気を遣《つか》わなければならないなんて、真《ま》っ平《ぴら》ごめんです。最期の時ぐらい、本音で迎えたいものです。

昔は自宅で死んで、今は病院で死ぬ。しかしこれからは、また自宅で死ぬ

その昔は、人は自宅で死にました。多くの親族に看取られながら死んでいったのです。

しかし今は、多くの人は病院で死にます。医療機関の統計調査によると、病院で死ぬ人は全体の90%を超えているといいます。しかし、これからはどうなるのでしょうか？ 私は、自宅で亡くなる人が多くなっていくと考えています。もちろん、この自宅の中には、老人ホームなどの高齢者用住宅が含まれますが……。

現在の高齢者の行く末を簡単に説明しておきます。すでにご存知のように病院は、入院を待つ高齢者であふれています。したがって病院の場合、入院患者を獲得することにそれほど苦労はありません。もちろん病院側にも戦略があり、誰でも良いというわけではなく、特定の患者を集めたいというケースの場合は、それなりに頭を使わなければならないこと

はあります。

入院した高齢者に対し、一定の期間、一定の治療をすることで病院は医療報酬を受け取ることができますが、一定の期間経過後はその医療報酬は下がります。したがって一定の期間経過後には早期に退院してもらい、待機している新しい高齢者を受け入れるというサイクルを管理しなければなりません。

もちろん実際には、単純な退院だけではなく、病院内の他の病棟に移ったり、他の目的の異なる病院に転院したりと、その選択肢は単純ではありません。しかし概念的な理解であれば、一定の期間の入院後、報酬が下がってくる前に退院ということでよいと思います。

その退院先の受け皿は自宅だけではなく、老人ホームを代表とした高齢者施設になるということでもあります。退院した多くの高齢者は、病院ではなく退院した場所で死を迎えるケースが増えてくると私は考えています。

自宅で死なれると困るので、老人ホームという便利な場所ができた

さらに言うと、多くのケースでは、自宅で高齢者が亡くなるということは、本音としては嫌な話です。面倒な話です。

有名な落語家の高座で、「落語家は舞台で死ねたら本望だ、と言う人が多いが、周囲の

立場に立って考えてみた場合、舞台でなんか死なれたら面倒だ。病院で死んでほしい。これが周囲の者の本音です。しかし舞台で死ねたら本望だと本人に言い聞かさないと、落語家なんて、すぐに舞台を放り出し、博打《ばくち》や女を買いに行ってしまうものだ」という話を聞いたことがあります。

まさに、これは本音です。多くの読者の皆さんも、親が自宅で死なれると大変です。しかし病院からすると、治療をする方法がない高齢者は長く入院させておくことはできません。したがって、その本音の受け皿として老人ホームがあるというわけです。

かつて長野県にあったといわれている「姥捨《うばす》て山」。老人ホームは、現代の姥捨て山になろうとしています。そして病院から退院を促されている高齢者の死に場所として確立しつつあると私は考えています。

だから国は「看取り加算」なる制度を設け、積極的に看取りに取り組む老人ホームは良いホーム、素晴らしいホーム、能力が高いホームということにしなければならないのではないでしょうか。

さらに言うと、現在はこの看取りに加え、自立支援も声高《こわだか》に叫ばれています。自立支援とはその名の通り、高齢者の自立を促すものなのですが、私のような素直ではない者からすると、身体状態の改善が見られない高齢者を切り捨てるためのリトマス試験紙だと思っています。つまり身体状態を改善する目的で介護支援が存在し、改善が見られない高齢者は切り捨てていく。看取りという名の強制終了へ導く、ということなのだと。

今後、老人ホームは、大量に増え続けていく看取りの高齢者の収容先として、社会的に重要な役割を担うということになるのでしょう。終《つい》の棲家《すみか》という耳あたりの良い言い方で。

第2章

行き場を失う老人たち！

～過当競争時代に入った老人ホーム業界～

要介護高齢者と自立の高齢者は、まったくの別物である

一言で高齢者とくくっても、実態はさまざまです。ここでは、自立の高齢者と要介護高齢者について論じていきます。老人ホームへ入居を考えている多くの高齢者やその家族の中には、まだまだ次のようなことを考えてホーム選びをしているケースが散見されます。

今はまだ元気で仕事もできるが、将来のことを考えて早めに老人ホームに入居をしよう。ついては、自分がどのような状態になっても追い出されない介護サービスがバッチリ付いた老人ホームを選ばなくてはならない、と。たしかに、この考えは合理的な考え方だと思います。また私の同業者の中にも、このような説明をして自立の高齢者に対し、介護付きの老人ホームを提案する人たちも数多くいます。

しかし私は、この考えに同意することはできません。反対の理由を説明します。

老人ホームと入居者との関係性で検証した場合、多くのケースで老人ホームは当事者やその家族にとって、オーバースペックになっています。オーバースペックとは必要のないサービスが付随し、そのサービスに対し余計な費用を支払っている、という状態です。そんなことを言ったって、大は小を兼ねるではないけれど、いろいろな介護サービスが付いていたほうが安心ではないか、との指摘をしたい人も多いと思います。

よく考えてみてください。たとえばクレジットカードの場合、一般カードからゴールドカード、プラチナカード、ブラックカードまでさまざまな種別のカードがあります。皆さんはどのような基準でカードを選んでいますか？「ステイタスや優越感が重要だ」という目的であれば、多額の年会費を支払ってもプラチナカードやブラックカードを持つこと自体に、一定の合理性はあると思います。しかし、「ステイタスなど不要だ」と考えている人の場合、多額の年会費を支払ってまでプラチナカードなどを持つ必要はありません。

もちろん、そのカードに付随している保険やその他のサービス、特典を冷静に考えた結果、自分にとっては具体的に「得だ」と判断できるケースはあります。年がら年中仕事などで海外に行っている人は、そのつど掛け捨ての海外旅行用の保険に入るよりも、ステイタスカードに加入したほうが「安い」「得だ」ということはあるでしょう。

しかしです。何度も海外旅行には行かず、高級レストランにも行かない多くの方の場合は、そのようなカードに入会しているメリットはありません。要は、日頃から便利にカードを利用することができればよいのですから。

老人ホーム選びもこれと同じです。

どうしてもステイタスが欲しい。それが重要なんだという方は、どうぞ高級老人ホームといわれているホームに入居すればよいと思います。しかし老人ホームにステイタスなんか求めてない、重要なことは生活の場として居心地が良いことだという方は、次の説明を読んで冷静に検討をしてください。

24時間看護師常駐は、本当に必要なサービスなのか？

はじめに私の考えを明記しておきます。私は、老人ホームで24時間看護師が常駐している必要はないと考えています。皆さんがどうしても〝看護師は必要だ〟というのであれば、勤務している看護師の実績を確認する必要があるということを明記しておきます。つまり常駐している看護師の質の確認をしなくては、常駐しているメリットを判断することができないのです。

入居希望者かその家族の陥《おちい》る勘違いの最たる例が、「24時間看護師常駐ホーム」への信仰心です。24時間看護師常駐ホームとは何かと言うと、その名の通り24時間365日にわたり看護師が常駐しているホームです。当然、24時間看護師が常駐している分、経費が掛かります。したがって利用料金も近隣の同等グレードの老人ホームと比べて、数万円程度割高になっています。

つまり入居後に、その余計な数万円の負担に対する優位性を「看護師」が配置されているという事実で見出《みいだ》せるかどうかを判断しなければなりません。

具体的な例で考えていきましょう。Dさんは1日を通して定期的に吸引などの医療処置をしなければなりません。この場合は当たり前ですが、数万円の費用を余計に負担しても、夜間も看護師が配置されているホームに価値は存在しています。なお現在は、訓練をしっかり受けた介護職員であれば、一定の医療処置まですることを許されていますが、やはりそこは看護師有資格者に対する安心感には代えられません。

しかし現実はと言うと、24時間看護師常駐ホームに喜んで入居している人の多くに具体的な目的は存在しません。「何かあった時に看護師がいると安心だ」という漠然とした理由で数万円の余計な費用を支払っているのです。中には24時間看護師常駐という事実に対し価値を感じ、その費用を支払っている人もいると思います。看護師がいるので気持ちが安心するのであれば、自分を落ち着かせるための安心料であるという割り切った考え方もありだとは思いますが……。

しかし、よく考えてみてください。もし夜間にあなたの体調が急変した場合、その後の対応はどのようになるのでしょうか？　多くの場合、ホームが救急車を呼び、病院へ搬送してもらうだけです。当然、多くの入居者が生活をしている老人ホームの場合、看護師があなたに付き添って一緒に救急車に乗り、病院に行ってくれることはまずありません。救急隊が来たら後は彼らに引き渡されるだけです。

もちろん事態によっては、救急車が到着するまでの間、救命処置などをしなければならないケースはあると思います。そのようなケースでは、介護職員よりも専門的な医療経験を積んだ看護師のほうが上手にやれるような気がします。そう思うのが普通の感覚でしょう。そしてそれは、おおむねその通りなのです。

そもそも私は高齢者の「死ぬ力」に対し、医療処置にどれほど効果があるのか？　と思っています。

病院をテーマにしたテレビドラマなどでも医師から家族に対し「手術はうまくいきました。後は本人の気力次第です」と言葉をかける場面が多く見受けられます。その通りです。長年、高齢者の死ぬ場面に立ち会ってきた私の経験から申し上げるならば、高齢者の場合、医療のセオリーとは別の何かによって命を支配されているのではないか？　と感じます。入院している入居者の面会に行き、医師から様子を聞く機会が多々ありましたが、「普通の人より心臓が強いので生きている」という話をよく聞かされます。つまり、医師にもよくわからないということだと理解しています。

私がここで言いたいのは夜間帯の老人ホームの場合、急変時に介護職員は業務手順書に沿ってバイタル（命にかかわる数値）などを確認、その上で入居者の主治医に連絡、多くは主治医の指示で救急車を呼び、病院に搬送するのが普通です。この間、もし看護師がいたとしても、同じことをするだけです。たられば（ヽヽヽヽ）の話をするなら、このような急変時に、たまたま救命救急出身の看護師がいた場合などは、自分の判断で救命処置をどんどん進めていくので看護師がいたお陰で一命をとりとめたということはありえます。

しかし老人ホームに救命救急専門の看護師がいるケースは稀《まれ》なので、これは考えなくてもよいケースなのだと思います。

話は少しそれますが、皆さんが急変時の医療時に期待をしたいというのであれば、看護師が24時間常駐しているホームよりも、ホームの主治医がホームの近くに住んでいて、いつでもホームに急行してくれる環境下にあるかどうかを確認したほうがメリットが大きいと思います。ぜひ入居判断の時に、主治医による夜間往診体制について確認をすることをお勧めします。

看護師の多くは医療現場を引退した人

看護師の件で念頭に置かなくてはならないことは、老人ホームなどの介護現場で勤務している看護師の多くは、何らかの事情で医療現場を引退した看護師である場合が多いということです。

医療の場合、臨床の現場から遠ざかってしまうと、当然、臨床スキルは落ちていくだけです。一般的な常識で考えた場合、医療の最前線に身を置いていれば賃金も当然高く、せっかく看護師の資格を有しているのであれば、医療の最前線でさまざまな処置や患者とかかわり、経験を磨き、自分のスキルを上げていきたいと考えるのが普通です。

したがって介護現場で働く多くの看護師は、何らかの事由で自ら現場の第一線から引退した看護師が多いと考えるのが普通です。私の経験上、看護師が介護現場で働く理由の多くは、気力、体力の限界か、臨床現場とは違う医療の道、つまりは事務系の医療従事者などを目指すケースが多いと思います。

ちなみに私が老人ホームに勤務していた時、派遣の看護師が数多くいました。彼女らの多くは海外留学をする準備を進めるために、派遣看護師として老人ホームで働いていました。語学力を身に付けた上で、医療業界に戻る計画だったと記憶しています。語学のスキルがある看護師は、多様な職場で仕事を得ることができるのでしょう。

このような理由から老人ホームの場合、24時間看護師が常駐している価値は多くの入居者にとって「ない」ということになります。看護師費用の数万円をほかに使ったほうが、効果的にお金を使うことができるのではないかということです。自分にとって特段必要のないサービスにお金を使うのであれば、その数万円で「美味《おい》しいものを食べる」とか「旅行に行く」とか「孫に小遣いをあげる」ほうが、はるかに有効的にお金を使えるはずです。

「何かあったら」の何かは、いつあるかわかりません。来るか来ないかわからないそんなことのために、年間数十万円の余計な支出をするなら、違うお金の使い方をするべきだと思うのです。

以前、私の老人ホームに派遣の看護師がやって来ましたが、入居者の胃瘻を見て、「生まれて初めて胃瘻というものを見ました」となかば感動をしていました。ちなみに、この看護師は、長年、地元のクリニックに勤務していました。それでも胃瘻などという重症な高齢者（患者）の対応など、今までしたことがないと言っていました。

結局、この看護師は数カ月でホームを退職していきました。退職理由は、老人ホームは病院と違い重篤《じゅうとく》な患者はいないと考えていたが実際は重症な高齢者ばかりで、自分のスキルでは対応できませんというものでした。

実に不思議な出来事でした。なぜなら私たち介護職員が日々、果敢に目の前の高齢者と対峙しているにもかかわらず、看護師の資格を持っている者が「私にはできません」と言って去っていくのですから。現実はこんなものです。

老人ホームは必要に応じて住み替えることが重要。終《つい》の棲家《すみか》の言葉に騙《だま》されてはダメ

24時間看護師常駐と同じレベルで考えなければならないのは、必要のない介護サービスに金を使うところです。

私は、自立の高齢者は自立用の老人ホームに入居をすることを提唱しています。しかし多くの入居希望者は自分が要介護状態になった時のことまで考えて、ホーム選びを検討しています。この行動は私に言わせると「ナンセンス」です。無駄です。

老人ホーム選びで一番重要なことは、今の最適を考えればよいということです。このように言うと、介護の専門家の多くから「おまえは何を馬鹿なことを言っているのか？」「要介護状態になった時のことを考えて老人ホーム選びをするのが常識ではないか？」と言われます。

しかし私に言わせれば、そのような人は、老人ホームのことを知らない人です。以下、私の論を記しておきます。

まず自立の高齢者が数年先に来るかもしれない自分の要介護状態に備え、安心のために要介護高齢者が大勢入居している老人ホームに入居したとしましょう。その老人ホームでは、要介護高齢者に対する介護支援を中心とした老人ホーム運営フォーメーションになっ

ていて、要介護高齢者にとっては安心安全な運営になっています。

しかし自立の高齢者に対する介護支援は、具体的には「何もない」と考えるべきなのです。自立の高齢者にとっては毎日、毎日、我慢の連続です。さらに言えば、老人ホームが期待している収入の多くは介護保険報酬なので、介護保険報酬が見込めない自立の高齢者は老人ホームにとって良い入居者とは言えません。専門的な話は避けますが、多くの老人ホームでは自立者の場合、生活サポート費用なるものを設け、特別な負担を自立者にお願いしているケースが多いと思います。つまり手がかからない自立者のほうが、ホームに対し余計な必要負担をしなければならない仕組みになっているのです。

さらに重要な点が介護職員の視点にあります。多くの専門家はこの視点がありません。しかし、この視点はきわめて重要です。私は長い間、老人ホーム業界に身を置いていますが、いまだに自立の高齢者にも、要介護高齢者にも、どちらの高齢者にも適切な介護支援をすることができる介護職員にお目にかかったことはありません。たいていは、どちらか一方の介護支援しかできないのが普通です。稀《まれ》に両方をこなすハイブリッド型の介護職員もいないことはないでしょうが、そのような優秀な介護職員を会社がいつまでも現場に置いておく理由はありません。優秀な人材はどこの会社も希少なので、本社に異動になり、さらに重要な仕事を担わされるのが常識です。

つまり先々のことを心配して介護対応が上手なホームに自立の高齢者が入居などしようものなら、ホーム内で疎外感を感じ、中には「ここは動物園か！」と落ち込み、悩んでしまいます。自分も将来あんなふうになってしまうのかと感じて最悪な場合、自分の将来を悲観して、自殺してしまいたくなるようなこともあるのではないかと心配します。

もちろん、この論に対し、自分は将来そうならないように気をつけようと反面教師にする方もいるとは思いますが、わざわざお金を支払い、そのような思いをする必要はないと私は考えています。さらに窮屈な要介護者用の規則を押し付けられ、ホーム側と年がら年中トラブルを抱えることになります。

身体の状態に合わせて転ホームする時代

だから自立の高齢者は、自立用の老人ホームに入居をするべきなのです。このように言うと、多くの読者の皆さんからは「でも要介護状態になったら出されるのではないか？その時に、困ることになるのではないか？」という声が聞こえてきます。

たしかに要介護状態になったら、出されることはあります。私はむしろ要介護状態になったら、それこそ積極的に退去し、要介護高齢者向けの老人ホームに転ホームすることが正しいことだと考えています。

よく考えてみてください。サイズの合わなくなった洋服や流行遅れになった服をいつまでも着続けている人は多くないでしょう。つまり洋服は、必要に応じて買い換《か》えるのが一般的です。

さらに病気になった時、お腹が痛くて耳鼻科に行く人は皆無です。足をくじいて内科を受診する人もいないでしょう。医療業界には専門医がいるからです。各医師は得意な分野ごとに診療科目を選び、日夜勉強に励み、専門医を標榜《ひょうぼう》しています。

私たちもより専門性の高い医師の診察を希望し、症状に応じて診療科目を自分で選択しているはずです。当たり前の話ですが、医師国家試験に内科医師、外科医師などの試験はありません。医者は全員、同じ医師国家試験に合格して医師になっています。

医師と会話をしていると、自分の専門外の医療については「わからない」と断言している医師も多くいます。それぐらい専門性が求められるものなのだと思います。

介護も同じです。同じ国家試験である「介護福祉士資格」に合格していても、介護現場で働くうちに、「自分は認知症高齢者のケアが得意だ」とか、「自分は自立の高齢者の介護支援が得意だ」とかといった専門分野を持つようになっていきます。医療のように専門医制度や学会などのように確立されたものは、まだまだ不十分です。でも介護保険制度の改定内容などを見ても、医療業界のような専門性に対する資格や研修などの実態に応じた介護保険報酬に変わりつつあります。

ちなみに介護職員は、自立や認知症、身体障害などの利用者の疾患別の得手不得手《えてふえて》だけではなく、介護サービス別にも得意不得意があります。

わかりやすく言うと、訪問介護が得意な介護職員と施設介護が得意な介護職員に分かれます。理由は人それぞれだと思いますが、多くの場合、対象者との対峙方法の違いについての得意不得意になります。

つまり訪問介護は一定時間だけ、マンツーマンで濃厚な個別介護支援をすることになり、施設介護では24時間365日にわたり多くの入居者の中の1人という位置づけで行なう集団介護になっているからです。どちらが難しいとか、大変だとかということは論じても意味がないことですが、介護職員によっては、どちらかしかできない者も多く存在しています。

介護職員の得手不得手《えてふえて》を知ろう

私の偏見と勝手なイメージで言わせていただくなら、訪問介護は比較的年配のベテラン介護職員が多く、施設介護は若い介護職員や男性が多いように思います。やはり1対1で対峙する介護には年の功という介護スキル以外のスキルが必要になるし、施設での集団介護の場合、何はともあれ体力が必要だということなのです。

話が少し横道にそれてしまいますが、介護業界は少子高齢化に伴って介護職員不足が甚《はなは》だしいという報道が多くなされています。その原因は「3K職場であるにもかかわらず低賃金だからだ」と言われています。だから賃金を上げれば介護職員は定着する、ということになっています。

たしかに報酬が高ければ、風俗業界と同じで一定の就職ニーズはあるとは思います。が、本質課題の解決策にはなっていません。介護職員が定着しない理由は後ほど詳しく触れますが、多くのケースは経営側の介護職員が保有する「流派」に対する不理解にあります。

それに関連して、次のようなことを理解してください。

前記したように介護職員は、訪問介護か施設介護かのどちらかを得意としています。しかし現在の介護業界は、高齢者の多様化に合わせ、その2つ以外の多くの異なったサービスを導入しています。たとえば住宅型有料老人ホームやサービス付き高齢者向け住宅、さらには小規模多機能型居宅サービスなどがそれにあたります。これらのサービスに共通しているキーワードは、複合型介護サービスです。

つまりハイブリッド型の介護サービスです。これらの介護サービスは外形的には、介護施設（居住するスペース）があり、当然そこには「泊まる」「住む」という機能があるにもかかわらず、提供される介護支援サービスは施設介護ではなく訪問介護サービスになるのです。つまり、このようなハイブリッド型のサービスの場合、施設介護、訪問介護、という境界や境目が曖昧《あいまい》なのです。そこで一番混乱しているのが、働いている介護職員自身なのです。だから介護職員は窮屈になったり、不安になったり、不信に思ったりして、結果、仕事を辞めていきます。

中でも、最近のスキームである小規模多機能型居宅介護のスキームは、介護職員の特性を無視して作った机上だけの空論に近い介護サービスです。

理想的な介護サービスだという専門家も多くいますが、口で言うのは簡単です。「それならお前がやってみろ!」と言いたくなります。地域に訪問介護サービスを提供し、通所介護を提供し、さらにお泊まりという名の定住者がいる介護施設なので、介護職員の特性を無視しています。介護職員の立場からすると、ある時は訪問介護員として、ある時は通所介護員として、そしてまたある時は施設介護員として働かなければなりません。

一人二役ということでは飛行機の客室乗務員が平時には、ホスピタリティの高いサービス員としての対応をして、緊急時には保安員として毅然とした態度で乗客に対応しなければならないという話を聞くことがあります。でも、それ以上の話だと私は考えています。だから、まともな感覚のある介護職員は疲弊し、結果、職場から去って行く。

私は小規模多機能型居宅が誕生した当時、これで介護業務は〝人でなし〟しか従事できないスキームに変わったと思いました。もはや介護に「人」としての機能は求められないので、いっそのこと機械介護を早く導入するべきだと申し上げたことがあります。今まさに、その方向に進んでいます。

わかっているけれどできない現実。そこがもどかしい

したがって老人ホームは、自分の今の状態に一番マッチした老人ホームを選ぶことが重要になるのです。

ここまでの話の中で一番重要な肝《きも》は何かと言いますと、〝自身が認知症になったら〟〝身体が不自由になったら〟どうなるのかを元気なうちからイメージしておきたいということです。考えたくないことですが、考えなければならないことです。人間は嫌なことや都合の悪いことは考えたくありません。だから考えないように先送りしてしまいます。

しかし、よく考えてみてください。もしあなたが85歳ぐらいまで生きるつもりであれば、50％程度の確率で認知症になるのです。自身が認知症になる確率は高いと判断しなければなりません。しかし多くの人は、認知症にならない50％のほうに自分だけは入ると考えます。

さらに自分は80歳まではとても生きないから大丈夫だとも言います。いくらわかっていても、いくら頭で理解できていても、人間とは不幸な未来と正面から向き合うことはできないようにできているのです。タバコは身体に悪いとわかっていながら火を点《つ》けてしまい、もう飲まないと決めながら今日もお酒を飲んでいるのが実態です。

かく言う私も定期的に届く年金定期便を見るにつけ、「この金額だけで老後を暮らすことは難しい。ましてや老人ホームに入居するなど不可能だ」と考え、「何とかしなければ」と考えています。頭では、「虎の子の金融資産を株や外国為替などで運用すれば、少しは増えるかもしれない、いや今からの時代、このような財テクに取り組むことは重要なのだ。だから勉強しなければならない」とも考えています。しかし実際には、何もやっていません。次の瞬間には、そのことを考えないようにしているのです。きっと深層心理の中で、「何とかなるだろう」と高《たか》をくっているのだと思います。人に対し、もっと老人ホームのことを勉強しろ！　などと偉そうなことを言っている立場ではないのです。反省することばかりです。

私が自立の高齢者の方々にいつもお願いしていることは、自立用の老人ホームに入居したその瞬間から自分が要介護高齢者になった場合、どのような介護支援が世の中にあり、その支援にはどのくらいの費用がかかるのかを把握してほしいということです。つまり介護のことを勉強してくださいということです。そして今住んでいる自立用の老人ホームに対し、介護支援サービスは求めてはならないということです。

重要なことは、数年後、万一、自身が認知症を発症し、一般的な日常生活を送ることができなくなった場合は、事前にあたりをつけていた認知症専門の老人ホームに転ホームすることを想定しておくことです。そのためには常日頃から、該当老人ホームを見学したり、職員や入居者らと話をする機会を作っておくということです。備えあれば憂《うれ》いなし。敵を知り己《おのれ》を知れば百戦殆《あや》うからず、なのです。

口で言うのは簡単ですが、実際にはなかなかできないものですが、意識して取り組まなければならないことだと思っています。

自立の高齢者は、老人ホームに入る必要性があるのか?

今までの話の流れから考えると、はたして自立の高齢者は老人ホームに入居する必要があるのか? ということになります。

私の結論は、多くの高齢者は老人ホームに入居する必要があるです。高齢者は疑似的な大家族での生活を目指すべきだと考えているからです。ここで言う老人ホームとは高齢者用の住宅のことで、老人ホームやサ高住(サービス付き高齢者向け住宅)のことを指し、さらには高齢者が便利に生活をすることができる下宿やシェアハウスなども含まれます。その理由を記しておきます。

まず住まいの広さです。多くの人にとって住まいとは、家族構成が一番多い時に家を建てたり、引越したりしています。しかし高齢期になり、子供たちが独立してしまえば、その家は広すぎます。したがって自宅をシュリンク（縮小）する必要があります。当然、同時に荷物のシュリンクも必要です。高齢者が要介護状態になり、いよいよ老人ホームに入居をするような場合になって急いで荷物の処分に入るケースをよく目にしますが、私は複数回にわたって荷物を整理するべきだと判断しています。そして、その荷物の整理をするためにも、住まいを移転していくことが重要なのです。

コミュニティがある住まい方

仕事を引退して老夫婦2人で年金生活に移行した場合、今の住まいを離れ、駅に近い高齢者用の住宅に夫婦で移り住むことをお勧めします。間取りは2ＤＫで十分です。その時に不要な荷物は処分するべきです。

一番重要なことは、この高齢者住宅内にコミュニティがあるかどうか、です。管理人などを中心に入居者同士、入居者と管理人との間で相互に情報を交換する機能があるかどうかが重要です。

さらに外部からの訪問者に対しては、管理人が間に入れるかどうかも重要です。元気で年金暮らしをしている高齢者の場合、一番重要なことは、老後資金を守ることです。「オレオレ詐欺」に代表される巧《たく》みなシステム詐欺から自分を守るためにも、何でも相談できる管理人が常駐し、多くの人の目に触れる共同生活が重要になってくるのです。

どちらかが亡くなったり、要介護状態になった場合の住まい方について話をします。高齢者用の住宅に住みながら配偶者の介護を続けていくことは可能です。状態が悪くなった場合は経済的に可能であれば、介護施設に要介護者を入居させることが一番良いと思います。

ここで大変なことは配偶者が要介護状態になり、介護施設に入居した場合、自分の生活と配偶者の生活の2つの生活を同時に管理しなければならないことです。どちらか一方が先に死んでしまい自分1人になった場合と比べると、経済的な負担がかかります。

老老介護の一番難しい問題は、実はこの経済的な問題なのです。経済的にゆとりがあれば、老人ホームと自宅（高齢者用の住宅）での二重生活が可能になります。そうでない場合、2人で老人ホームに入居するか、それとも自宅で要介護状態の配偶者とともに暮らしていくかの選択になります。

この場合、少なくとも自宅ではなく、管理人が常駐している高齢者用の住宅を住まいとしたほうが支援を受けられるので便利です。自宅に高齢者が住み続けるということに利便は何もありません。だから高齢者は高齢者用の住宅に移り住むべきだと私は考えています。

最後に、今までの話はいったい何だったのかと思われることを覚悟の上で、一番良い方法を記しておきます。それは子供たちと同居することです。昔のように大家族で一緒に住むことが一番良いことなのです。都会でも、地方でも同じです。この機会にぜひ大家族での同居生活について考えてみてほしいと思います。

老人ホームはこう進化した

その昔、老人ホームは、一部の富裕層のためのものでした。地域の有力企業の経営者が社長の座を子供に譲り、ご夫婦で有名リゾート地にある老人ホームに入居したという話が私の身近にも多々ありました。そこには老人介護といったキーワードはまったくなく、悠々自適なシニアライフというキーワードがぴったりです。天然温泉が付いていたり、カラオケなどの娯楽室があったりと、至れり尽くせりです。おまけに提携医療機関が有名病院だったりします。

老人ホームに数千万から数億円の入居金を支払い、多くの高齢者は喜んで生活をしていました。そのような老人ホームの運営事業者の多くは、一流有名企業の関連会社だったりして商売というよりも、どちらかと言うと一流企業の社会貢献や企業のイメージアップを狙った広告宣伝的な側面のあった事業だったと思います。

そして多くのケースの場合、要介護状態になり、周囲に迷惑をかけるような状態になるし、老人ホームから退去を強いられ、関連病院などに入院するという流れになっていたはずです。これが介護保険施行前までの民間の有料老人ホームの話です。特別養護老人ホームの話ではありません。

ご存知のように、2000年から介護保険法が施行されました。これを契機に、一気に日本中に介護付き有料老人ホームが広がっていきます。当時、私の勤務していた介護事業会社も、この波に乗って介護付き有料老人ホームを首都圏を中心に拡大成長させていきます。民間経営の有料老人ホームの場合、2000年前までは自立の高齢者が中心の高級老人ホームが主流でした。2000年以降は、介護保険報酬を狙った要介護状態の高齢者が主流になっていきます。

高級か高級ではないかという視点で話を振り返ると、2000年当時は、まだまだ老人ホームは高級路線だったと記憶しています。が、介護保険制の導入を皮切りに、年々多くの企業が老人ホームビジネスに参入し、右肩上がりに老人ホームは供給されていきます。

当然、地域内での老人ホーム間での競争は年々激しくなり、料金は自然と下がり続けていきます。当時よく業界内で話されていたのは、「老人ホームビジネスは、後出しジャンケンのほうが強いよね」という話です。

つまり既存ホームの近隣に新しい老人ホームが出店すると、そのホームのほうが当然、新しい綺麗広いそして安いということになり、既存ホームのその地域内での価値観が損《そこ》なわれていきます。もちろん既存のホームもこの状況に手をこまねいて見ているわけにはいきませんから、反撃に出ます。「当ホームは、この地域で介護一筋10年間の実績があります」とやります。つまりホームは少々古くなっていますが、そこで提供されている介護の質は高いですよ、何と言っても長年やっていますからと言うのです。

地価や不動産相場もあることから、価格を下げ続けることにも限界があります。そこでサービスの差別化が始まっていくのです。24時間365日看護師常駐とか理学療法士などのセラピストを配置していて本格的なリハビリの提供が可能とかといった、付加価値ホームが続々と誕生していったのです。

現在では、首都圏を中心に完全に過当競争に入っています。相変わらず新規参入組が多く、その陰でひっそりと姿を消していくホームも少なくありません。私の肌感覚からすると、ホーム数は増えていると思いますが、企業数は横ばいか、または減っているように感じます。おそらく数年の間に、老人ホームは激減するのではないかと思っています。要介護高齢者ビジネス、つまり介護保険事業がすでに成長分野ではなくなってきているからです。

長寿により医療の役割があまりにも広範囲になってしまったために、国は医療機関が疲弊してしまうと考え、医療でなくてもできることを「介護」という新しい分野を作って、役割を分担していこうと考え、介護業界が誕生しました。

そして今、介護業界は年間11兆円を超える巨大産業に成長してしまいました。しかし医療費を抑えることができたかと言えば、医療費も拡大し続けています。つまり医療の疲弊を和《やわ》らげるために介護分野を作ったにもかかわらず、医療の疲弊は相変わらずです。その上、介護という新しい巨大業界が誕生してしまった現状を考えると、計算違いだったのではと私は考えています。

分業することで仕事が楽になり、結果、かかる費用も抑えることができるはずだったものが逆に、新しいニーズが続々と誕生し、市場が膨れ上がっていっただけだということなのです。ならば最初に戻し、業界を縮小していったほうが良いに決まっています。分業などせず、病院にすべてを任せておけば良いのではないか？　というわけです。

俗世間的な言い方をすれば、ワンストップの医療介護の実現です。医療が介護を担えば、間違いなくワンストップ介護は可能です。そのほうが費用は安くすむという計算が成り立つはずです。

話は変わりますが、2000年を皮切りに介護業界が大きく発展した理由を皆さんは何だとお思いでしょうか？　高齢者が増えたからに決まっているじゃないか？　と思っている方が多いと思います。しかし私は違う見方をしています。私の見方は失業者対策で介護業界が拡大したというものです。

世の中には、社会にどうしても馴染《なじ》めない人が一定数存在します。これは事実です。良い悪いではなく、現実です。仕事があるのに自主的に働かない人たちがいます。体のどこも悪くないのに、働かない人たちがいます。さらには真面目に働くこと自体が苦手な人たちもいます。

そのような人たちの受け皿として、一昔前まではゼネコン（総合土木建設会社）が役割を担っていたと思います。そのため国は公共事業をたくさん考え、全国に箱モノを作り、ゼネコンに仕事とお金を供給しました。ゼネコン側はトンネルやダム、橋、道路、鉄道、役所などの公共施設を建設し、多くの労働者を必要としました。その中には必要な資金を得るために一時的に働きたい人や、失業中で仕事を探している最中の人も多く含まれていたと思います。

長期的には仕事をしたくない人や、デスクワークや人とのコミュニケーションを必要とする仕事が苦手な人などもいたと思います。つまり公共工事をたくさん発注することによって、ゼネコンの仕事を作り、雇用を作り、結果、失業者を減らす調整弁を担っていたと私は考えています。もちろんそこには大量の失業者に対し捻出しなければならない生活保護費という税金と、公共工事を作り出し発注することにより生じる費用という税金とを較《くら》べ、どちらが国として有利であるかという判断は当然あったと考えています。今の社会で、ベーシックインカムが論じられていることと同じ理屈なのではないでしょうか。

しかし当時を思い出してください。世論による〝公共工事は無駄遣い〟という論に端《たん》を発し、「談合」とか「利権」とか「贈収賄」などのキーワードで、ゼネコン汚職が発覚し、スーパーゼネコンの経営者らが次々に逮捕されたことを。建設物を造っても、そのメンテナンス費用に莫大なコストがかかるので「箱はもう要らない」という見出しが当時の新聞記事の中で躍っています。

その結果として公共工事は激減し、それに伴いゼネコンの許容雇用量は減り、失業者の受け皿がなくなっていきました。その代わりに出現したのが介護業界であると私は考えているのです。当時、私が老人ホームで施設長をやっていた頃、毎月のように金融機関やメーカーなどの早期退職者組が再就職コンサルタントと称する会社から紹介されたとして大量に転職してきたことを覚えています。大企業でオーバーフローしてしまった人材を無料で紹介しますよという謳《うた》い文句で、人材紹介会社が人を紹介してきました。しかし大変残念な話ですが、彼らの多くは介護職員という仕事になじめず、1年程度で新たな職場をめざしてふたたび転職をしていってしまったのです。

さらに言うと、彼らのような人材を介護業界にたくさん輩出するために1級ヘルパーという資格が誕生しました。私は国の考えを知る立場にはありませんが、現象から考えると、次のような考えがあったのではないかと推察できます。

介護保険業界は国の制度に基づいているゆえ、拡大も縮小も国がコントロールすることができます。今後はしばらく拡大させていくので当然、そこで働く人材は必要です。ついては他の業界で持て余している人材を介護業界に循環させるために、前もって教育をしてから介護業界に投入しようというもくろみで1級ヘルパー制度が誕生しました。

そのスキームは簡単です。失業者がハローワークに行くと、有償で職業訓練を受ける制度の説明を受けます。「給料をもらいながら介護実務が学べますよ」というスキームです。半年程度の訓練を経て、終了すると1級ヘルパーとなる資格を得ることができます。当時は介護実務を行なうには、2級ヘルパーの資格を10万円くらいの費用をかけて取得するのが一般的でした。その上位資格である1級ヘルパーの養成講座は有償だったのです。職業訓練生に課された条件は訓練終了後、一定期間介護事業所で仕事をしなければ、給付した給付金を返還しなさいというものでした。結果、多くの1級ヘルパーが介護現場に流れてきました。

私が働いていた老人ホームにも、多くの1級ヘルパーの有資格者が勤務していました。しかし彼らの多くは、常日頃から次のような話を公言していました。「自分は好きで介護職員になったわけではない。職業訓練に行けば賃金がもらえるから行っただけであり、今、勤務しているのも、一定期間、介護職員をやらないと、給付金を返さなければならなくなるからだ。こんな仕事、早く辞めてやる」と。

介護職員の質の問題は実は深刻であると主張していますが、ダメな介護職員を作った一番の原因は国がこの制度を導入したからだと思っています。昔からよく言います。勉強は自腹でやらなければ身につかないと。給付金目当てに介護職員になった者が、今の介護業界の職員の質の劣化の源流になったのではと思えてなりません。

だから介護業界は今、さまざまな悩みを抱えているのではないでしょうか? 国には、介護は単に作業なんだから、人であれば誰でもかまわないという考え方が根底にあるような気がしてなりません。たとえ資格制度を充実させたとしても、です。

なぜ老人ホームは、過当競争になっているのか？

その前に一番重要な問題を記しておきます。それは介護保険を利用する国民に対し、保険者である行政がまったく教育を行なっていない点です。つまり介護保険を利用する国民に対し、利用の仕方、礼節や節度をもって利用をすることの重要性を説明していないことが問題だと私は考えています。それはケアマネジャーの仕事だという方もいるでしょう。しかし私の周囲にいるケアマネジャーで、この部分を説明できる人など存在していません。私はケアマネジャーが単に「介護保険の使い方について説明をしていない」などと言っているのではありません。私が言っているのは、利用者の礼儀や作法のことです。この礼儀や作法がないため、今の介護保険業界は無法地帯になっています。

事業者間で無益な競争が起き、その結果、事業者は倒産や廃業に追い込まれていきます。最終的には、利用者や納税者に迷惑をかけるということになっているのです。税金で運用している事業であるなら、事業者はもとより利用者教育をもっとしっかりとやるべきだと思います。

前記したように老人ホームは今、大過当競争時代に入っています。2000年の介護保険制度の開始から右肩上がりに市場が拡大し、それまでの自立で裕福な高齢者が主体だった老人ホーム市場は、要介護高齢者が主体となりました。現在では、生活保護受給者しか受け入れないような老人ホームまで出てくるありさまです。つまり何でもあり、です。

それでは、なぜ過当競争になってしまったのでしょうか？　一言で言えば、多くの企業（医療機関を含む）が老人ホーム事業は儲かると勘違いをして、老人ホーム事業に進出してきたからにほかなりません。

2000年当時、介護保険事業は素晴らしいビジネスであるという触れ込みで、世の中に対し介護保険事業への進出を推奨する機運がありました。大げさな表現をすると、介護保険事業というボロい商売があるのだから、取り組まない手はないといった気運です。これは不動産や株が右肩上がりに上がっていた頃、不動産や株を買わない人は馬鹿じゃないの？　という気運と同じレベルの話だと私は思っています。したがって多くの民間企業が、我も我もと介護保険事業に参入してきました。中でも老人ホーム事業は、きわめて効率的な事業に多くの人には見えたはずです。ここが現在の老人ホームの過剰供給をもたらしている元凶です。

卵が先か鶏《にわとり》が先かのたとえで言えば、私のイメージでは介護保険法の施行により、介護専業型の老人ホームが増えました。老人ホームが増えたので当然、入居希望者にとっても身近なものになります。入居希望者が多いということは、そこにビジネスチャンスがあるのだから老人ホームを造る事業者も増えてきます。

この繰り返しで、老人ホーム市場は拡大してきたのです。現在、国は老人ホームをはじめとする介護事業に拠出する介護保険報酬の削減を検討しているはずです。この理屈を理解しているとすれば、介護保険報酬を削減するには、介護保険事業者を減らすことが一番の早道であると考えるはずです。事業者を減らせば利用者は減る。その結果、介護保険報酬も減るということです。

さらに事態が深刻なのは、同じようなスキームのサービスがたくさんあることです。居住系サービスには、有料老人ホーム、特養ホーム（特別養護老人ホーム）、老健（介護老人保険施設）、グループホーム、サ高住（サービス付き高齢者向け住宅）などがあります。これらのサービスについて、まったく棲《す》み分けができていません。正確に言うと、国が決めたポリシーのようなものはあるものの、運用では一切無視されているのが現状です。つまり何でもありの無法地帯なのです。

わかりやすく一例を挙げます。社会福祉法人が運営している特養ホームは本来、高齢社会のセーフティーネットであるはずです。ですが、民間の老人ホームと無益な競争を行ない、高級路線を走っています。医療法人が運営する老健は本来、病院から自宅へ帰るための一時的な訓練場所であるはずです。ところが何年にもわたって居住し続けている入居者が少なくありません。グループホームは、認知症高齢者が共同生活、つまり入居者同士で掃除をしたり、食事の支度をしたりと日常生活を送る場所であるにもかかわらず、多くのグループホームには、共同生活ができない寝たきりの高齢者が入居しています。

入居希望者の立場に立って考えた場合、自分の親は認知症ではあるが、人のサポートがあれば日常生活を送ることができるというのであれば、本来の正しい在《あ》り方としてはグループホームへ入居することになります。しかし現実は、各サービスの役割がないため、単に予算と場所だけで選ばれているのが実態です。したがって当然ですが、トラブルも多く、クレームも多いということになります。

老人ホームとは似《に》て非《ひ》なるこのようなものがあるので、老人ホームがこれらの似て非なるものと競合し、結果、過当競争になっているわけです。

本来、介護保険事業とは、役割の違う各サービスが自分の役割を正しくまっとうすることで、介護支援が必要な高齢者に対し適切な支援が可能になるはずです。保険者も介護保険事業者も要介護高齢者も皆、WIN、WIN、WINになるスキームであるはずです。

私の見ている景色に限っていうなら、各サービスの役割が不明確になり、本来の役割を超えたサービスを提供しなければならないので事業者自身も困惑し、さらに事業者同士の競争も激しくなって単なる消耗戦をしているにすぎません。つまり誰も勝者になっていないスキームが、今の介護保険制度なのです。

老人ホーム経営の仕組みとは

ここで簡単に、老人ホームの経営の仕組みについてお話ししておきます。老人ホームの毎月の売上は大きく分けて2つあります。1つは月額利用料です。これはホテルコストとも言いますが、家賃や食事代のことです。

もう1つは介護保険報酬です。たとえば東京都内の一般的な介護付き老人ホームの場合、月額利用料金はおおむね25万円程度です。もちろん立地や居室の広さなどの要因でこの25万円が23万円にも28万円にもなりますが、ここでは25万円としておきます。

介護保険報酬は要介護度によって決まってきます。たとえば要介護2の場合、約20万円程度なので、先に記した25万円の月額利用料金と合わせて月額45万円が毎月の収入と言うことになります。厳密に申し上げると、この金額とは別に、提供するサービスや各ホームの能力により、さまざまな加算報酬が用意されているため、もう少し多くの収入を見込むことが可能です。

さらに、ここに入居金なるものが加わります。東京都内の場合、入居金はおおむね1000万円は下りませんから、仮に1000万円だとすると、この1000万円の60分の1の金額、16万円が45万円の月額売上に上乗せされます。60分の1とは、1000万円を60カ月で償却するという意味です。つまり月額売上の合計は要介護2の入居者が1人入居すると、61万円になります。なお入居金には初期償却という制度を採用しているホームが多いので、実際には入居金1000万円の60分の1という計算にはなりません。しかし入居者が支払っているという観点で考えた場合は、この計算方法でおおむね良いと考えています。

仮に60カ月間入居していた場合、毎月の1人当たりの売上は61万円となり、この数字をどう見るかですが、多くの場合は「多い」と見るようです。したがって多くの民間会社が「儲かる」と判断し、老人ホームの運営に参入しているというのが今の現状です。

それではコストはどうなっているのでしょうか。老人ホームにおけるコストの大半は人件費です。ちなみに介護付きの老人ホームの場合、介護保険法によって配置しなければならない職員数が決まっています。入居者3人に対し、常勤換算で計算した直接介護看護を担当する職員を1人以上配置しなければならないという規定です。入居者が60人いる老人ホームの場合、直接処遇職員数は常勤換算で20人ということになります。頭数ではなく、常勤換算であることに注意が必要です。

多くの老人ホームの場合、売上に占める人件費率の割合は55%程度であればよいとされています。私は50%以内を目指すべきだと考えていますが私の知る限り、人件費率が60%を超えているホームもけっして少なくありません。酷《ひど》いところは70%を超えてしまうところすらあります。

なぜ人件費が過多になってしまうのでしょうか？　その理由の多くは、職員の退職にあります。本書では、介護と医療は似て非なるものであるという説明を繰り返ししています。職員の退職の問題も、実は医療とまったく違うものが存在しています。A職員が退職をしたとします。1名の欠員が出たので、新たに1名、B職員を採用します。ことはこれで足りるでしょうか？　皆さんは、新人のB職員が他の介護職員と同じレベルで仕事ができるようになるまで、いったいどのくらいの時間がかかると思いますか？

病院の看護師の場合、新参者であったとしてもカルテがあるので、知識や技術、経験があれば、今すぐにでも一人前の仕事をすることが可能です。しかし介護の場合、そうはいきません。

想像してみてください。あなたは新人の介護職員です。今、目の前に100人の入居者が食堂で食事をしようとしています。厨房から1人用のトレーに乗った食事が届きます。介護職員であるあなたは、この食事を入居者の元に配膳しなければなりません。当然、トレーには入居者の名前が記載されています。入居者の顔と名前を暗記している先輩職員は、トレーを次々に入居者の元に配膳していきますが、誰がどこに座っているのか、入居者の名前と顔が一致していないあなたはおろおろするだけです。先輩職員から、「Aさんは前から3列目の窓側に座っている赤いセーターを着ているおばあさんです」と教えられなければ仕事になりません。

介護の場合、介護職員が一人前に機能するには多くの経験や知識、技術があったとしても、1カ月間ぐらいは一人前の仕事ができないということなのです。したがって多くの退職者が出る老人ホームの場合、その退職者の仕事を埋めるためには、3人退職したら3名の補充では足りず、5名の補充をしなければなりません。そのため人件費が過度にかかるようになっているのです。

次に大きなコストは、不動産費です。家賃や取得費の減価償却費になります。特に家賃については首都圏の場合、月額売上の10%程度はかかると思います。前記した1人当たりの月額売上61万円のホームの場合、50室規模のホームだとすると家賃は毎月310万円です。この2つのコストで売上の65%はかかります。残りの35%からその他の経費を負担するのですが、今の時代、深刻な話になるのは人材の獲得に要する費用です。ようするに介護職員の募集経費や職員紹介会社へ支払う紹介手数料などです。ちなみに年収350万円の介護職員を紹介してもらった場合、紹介会社には年収の30%程度は手数料として支払いますから、100万円以上のコストがかかる計算です。

したがって多くの事業者の場合、利益は売上の10%もあればよいのではないでしょうか。

利益は数％にしか満たないというケースもざらです。経営の常識で考えた場合、利益が売上の数％しかなければ、借入金の返済はできません。このため多くの介護事業者の取る戦略は事業を拡大し、売上額を増やし、利益額を増やしていくやり方です。率ではなく額で経営をしていくことになります。

さらに重要な視点は、老人ホームはけっして満室にはならないということです。自立の入居者ならともかく、今の老人ホームの主役は要介護高齢者です。要介護高齢者は、健康状態が常に不安定でいついなくなるかわかりません。この場合の「いなくなる」とは「死亡」をはじめ、「長期入院」「他の専門施設への転居」などを指します。常時、数室の空室を前提としたホーム運営をしなければならないということになるのです。

どうでしょうか？　老人ホームビジネスは儲かる仕事だと皆さんの目には映っているでしょうか？　私は老人ホーム事業だけではなく、介護保険事業は今のスキームではまったく儲からない事業だと判断しています。

老人ホーム業界は、M&Aが大流行。史上最大のババ抜きゲームを開催中

だから今、老人ホーム業界ではM&Aが大流行《おおはや》りです。介護業界の先行きを見越し、今が売り時と見た老人ホーム経営者が会社を積極的に売り、利益を確定させようと懸命です。

また逆に今こそ事業拡大のチャンスだと判断した経営者は、売りに出ている老人ホームを積極的に買いまくっています。どちらが正解なのかは神のみぞ知る話なのでさておき、その背景について説明をしておこうと思います。

売りに出している老人ホームの経営者は、今後の老人ホーム事業はネガティブだと捉えています。さらに「後継者がいない」「親会社の都合や希望」という個別事情も多いと聞きます。それではなぜ、ネガティブに考える経営者がいるのでしょうか？　理由は今までの介護保険法改正のプロセスにあります。詳細は省《はぶ》きますが、介護保険法は改正ごとに介護報酬の見直しがされています。そして、その改正の基本的な考え方は能力に応じた報酬体系へと変化してきています。

わかりやすく言いますと2000年当時は介護保険報酬の多くは基本報酬で、特別な能力や機能、要件を満たさなければ算定できない加算報酬の比率はあまり多くありませんでした。私の周りにいた多くの介護保険事業者の経営者も当時は、「加算報酬は大した金額ではないため、あえて取りに行かない。基本報酬だけで十分である」と言っていました。

しかし20年経った今、基本報酬だけでは経営に希望が持てず、さりとて加算報酬を取る能力のない事業者はじり貧になっていくことが明白です。したがって加算報酬を取る能力やノウハウのない小規模事業者は経営が行き詰まる前に他の事業者に譲渡してしまおうという作戦なのです。

逆に積極的に会社を買い取っている事業者の考え方は、「効率経営をしたい」ということです。前記した通り、少ない利益率で会社を運営していくには、その根源である具体的な売上額を増やす以外に方法はないという判断です。同じ5％の利益率だとすれば売上が10億円の場合は5000万円の利益になりますが、売上が100億円になれば5億円の利益額になるという理屈です。しかし現実は、そううまくはいきません。

これからの介護事業は「複雑系」を理解しなければ、経営が成り立たない

日本の介護事業を海外に輸出しようという動きがありますが、今のやり方を見ていると、うまくいくとは思えません。なぜでしょうか？

その理由は簡単です。日本の介護事業は論理的なビジネスではないからです。情緒的な理解の上に成り立っているビジネスなのです。だから日式介護を海外へ、と言ったところで、そう簡単に輸出できるわけがありません。

全国展開している多くの老人ホームでは、高級ホームから低価格帯のホームまで、さまざまなホームを運営しています。高級ホームの介護職員に欠員が生じたからといって、低価格ホームの介護職員を異動させることができるでしょうか？　論理的には可能ですが、

現実的には不可能です。理由はホーム運営に対するフォーメーションがまったく違うからです。つまり同じ企業内にあっても、高級ホームと低価格ホームとはまったく別の運営なのだと理解しなければなりません。

要は、介護事業は規模の利益を享受することは難しいということになります。介護職員の多くは企業ではなく、その事業所に帰属しているという意識が強くあります。同一法人であるにもかかわらず、Aホームは職員が余っているために人件費が高くなり、Bホームは職員が足りず、人材紹介会社へ支払う紹介手数料が莫大になっているという不可解な現象が普通に起きているのです。

老人ホームをはじめとする介護保険ビジネスの場合、一般的な企業運営とは少し違う手法で経営をしていく必要があると気がつかなければなりません。世間一般的に近しい関係であるとされている医療とも違います。私の感覚で申し上げると、寺院の経営に一番近いような気がします。

法令を遵守すれば、次々と大倒産が

住宅型老人ホームという、説明の難しい老人ホームが世の中にはたくさんあります。その前に、この住宅型老人ホームについて説明をしていきます。

老人ホームの歴史を紐解《ひもと》くと、古くは要介護の高齢者は特別養護老人ホーム、元気で裕福な高齢者は健康型の老人ホームという区分がありました。その後、一般的に有料老人ホームの代名詞として「介護付き有料老人ホーム」が登場しました。2000年から介護保険制度のスタートを受けて、多くの企業がビジネスチャンスだと判断し、介護付き有料老人ホームが首都圏を中心に林立していきます。バブル経済当時のマンション販売ではありませんが、それこそ建てれば簡単に入居者が集まりました。

私の記憶ではたしか平成15年頃から、あまりにも急増した介護付き有料老人ホームの台頭に困った行政は介護付き有料老人ホームの設置に対し、総量規制を開始しました。今までの「自由に建ててください」という話を、都道府県や市区町村が作成した介護保険計画に合わせて設置をするというルールに急に変えてしまったのです。A県は今年、介護付き有料老人ホームの整備ベット数を300ベッドとする計画だったとすると、新規のベッド数が300ベッドになったら、その以降の老人ホーム新設は来年以降でなければ認めないというイメージです。

今まで自由に老人ホームを設置してきた多くの老人ホーム事業者は、急に新しいホームを気軽に設置することが事実上できなくなり、自社の事業計画の大幅な修正を余儀なくされてしまいました。

経営の理屈で言うと、長期的な目線で老人ホームを建設し、事業の継続を目指している企業の場合、まずは赤字でもよいのでベッド数（ホーム数）を増やし、入居者を獲得することが大切です。A社の場合、事業収支の損益分岐点が入居者1000人だとすると、1000室までは赤字でもかまわない。その後、黒字に転換していくというストーリーを描きます。その矢先に「もう建てさせませんよ」と行政にやられたわけですから、事業者側は手を打たないと倒産してしまいます。

ちなみに、なぜ総量規制がかかったかというと、こんな側面があります。

介護付き有料老人ホームは、「特定施設入居者生活介護」なる介護保険法上の指定を受けることで、特別養護老人ホームと同じスキームで運営することが可能になります。要介護2の人が入居した場合は、事業者に対し国は要介護2の人用の固定額の介護保険報酬を毎月支払わなくてはならなくなるのです。保険者（国、都道府県、市区町村）の立場で考えた場合、管掌地域内に100室の介護付き有料老人ホームが新設されると、100人分の介護保険報酬の支払いが半永久的に確定することになります。どんどん新規の介護付き有料老人ホームが増えると、どんどん介護保険報酬を支払わなければならなくなり、結果、財政が悪化していくことを意味します。

さらに、もともと自分たちの地域に長年住んでいた高齢者に対する老人ホームならいざ知らず、都会から流れてきた高齢者が要介護状態になったからといって、自分たちの地域が彼らの介護保険報酬を負担することに「納得がいかない」と考える行政も多くありました。

当時、私は老人ホームの新規開発の責任者だったので、毎日のように都道府県や市区町村に新しい老人ホームの新設相談に日参していました。そこでのやり取りは、区や市が設置を認めるのであればかまわないと都道府県から言われ、その見解を持って市区町村に行くと、都道府県がかまわないのであればわれわれは従いますというものでした。毎日、都道府県と市区町村とを行ったり来たりで「埒《らち》が明かない」という状況が続いたと記憶しています。

国の設置に対する方針がよくわからないという状況がしばらく続いたため、都道府県も市区町村も困惑していたのです。ちなみに東京圏の場合、世田谷区だけは最後の最後まで自分たちの判断で、かなりの量の介護付き有料老人ホームの設置を認めていました。国や都などの意向は関係ない。世田谷区として区民に必要なものは造るという力強い方針だったと思います。

われわれ事業者も「今、老人ホームの新設を認めるのは世田谷区だけだから、世田谷区内に老人ホームを造れ！　世田谷区内の土地を探せ！」と社内に檄《げき》を飛ばしていました。

とはいえ新規設置ができなければ、多くの老人ホーム事業者は倒産してしまいます。売上拡大ができないのですから。

そこで、多くの事業者が苦肉の策として取り組んだスキームが住宅型有料老人ホームの設置なのです。当時、住宅型有料老人ホームは介護付き有料老人ホームと違い、総量規制の対象外だったので、どこの行政区でも自由に建設することができました。したがって多くの事業者が、生き残りをかけて介護付き有料老人ホームから住宅型有料老人ホームへシフトしたのです。結果、今では大量の住宅型有料老人ホームが供給されています。現在多くの課題や問題を抱えているサ高住は、この住宅型老人ホームの代替品として登場しているもので、同じことを何度も繰り返している、実に馬鹿げた話です。

本題に入ります。なぜ住宅型有料老人ホームは総量規制の対象にはならなかったのでしょうか？

それは、介護保険報酬の取り方に違いがあるからです。住宅型有料老人ホームとは、建前上は介護サービスについては一般住宅と同じです。前にも記しましたが、介護付き有料老人ホームに要介護2の人が入居すれば、定額の月額報酬を事業者に支払わなければなりません。しかし住宅型有料老人ホームは介護サービスを提供したら、提供した分だけを事業者に支払えばよい仕組みになっています。簡単に言いますと、要介護2の入居者が老人ホームに入居した場合、介護付き有料老人ホームでは事業者に対し介護報酬として20万円を毎月固定で支払わなければなりませんが、住宅型有料老人ホームの場合は、入居者に対し「入浴介助を今月は8回実施したので5万円支払います」といった話でよいということです。

つまり一般住宅と同じ扱いなので、入居しただけで無条件で20万円の定額報酬を支払う必要はないため、総量規制をかける必要もないという理解でした。なお多くの保険者（行政）の机上の空論では、住宅型有料老人ホームの場合、自宅に住んでいるのと同じスキームなので、入居者1人に対し提供される介護サービスの額は毎月、区分限度額の50％程度ではないだろうかと甘く積算していたと思います。

しかしです。民間業者を甘く見てはいけません。彼らも生き残りをかけて必死になって食らいついてきます。住宅型有料老人ホームへシフトした多くの老人ホーム事業者の考えたことは、住宅型有料老人ホームという箱を造り、その箱で事実上、介護付き有料老人ホームの運営をすれば収入は変わらないはずだ、むしろ報酬単価が高い分、売上は増えるのでは？　ということに気がついたのです。

大筋の仕組みはこうです。住宅型有料老人ホームの入居者に対し、「あなたが行使できる介護保険サービス（区分限度額と言います）の毎月の上限まで無条件で当該ホームから介護保険サービスの提供を受けてください。これが当ホームへの入居の条件です」と、やるのです。平たく言うと、「入居したければ、あなたが持っている区分限度額を100%当該ホームが提供する介護保険サービスで使いなさい」ということです。これにより要介護2の人が入居すると、半ば自動的に20万円以上の介護保険報酬を老人ホームは保険者に請求することができるのです。これで事業者が受け取れる報酬額は、介護付き有料老人ホームと同じか、それ以上になります。介護付き有料老人ホームの新規設置を止めて介護保険報酬負担の膨張を防ごうとした保険者の目論見《もくろみ》は、これをもって見事に台無しになってしまったということになります。

これが介護付き有料老人ホームに総量規制がかかり、その代用品として住宅型有料老人ホームが大量に供給された裏の事情です。そして、このスキームで今に至っています。

老人ホームの大倒産時代が到来するということは、次の理由によって説明がつきます。住宅型有料老人ホームが要介護入居者の区分限度額を100%使い切るには、ケアマネジャーによるケアプランが必要です。当然ですが、ケアマネジャーは入居者の状態を考え、状態に即した介護支援サービスをケアプランに明示し提案します。ちなみに現在では、国の指導もあり、足し算のケアプランではなく引き算のケアプランが主流になっていて、「できることはなるべくご自分で」というケアプランを作らなければなりません。俗に言う自立支援のケアプランです。

わかりやすく言いますと、要介護2のAさんは「20万円分の介護保険サービスを使う権利を持っていますが、10万円程度の行使に留めておきなさい」ということです。そのために都合よく出てきたキーワードが「自立支援」です。古くから介護業界にあった「自分のできることは自分でやることが一番良いことである」という精神を持ち出し、ケアプランを削っていこうという作戦です。

過剰な介護支援は本人のためにはならない、むしろ悪であるという概念を持ち出し、この概念を正当化するためにケアプランの成果を測定していくことになっています。「あなたが作成したケアプランで、利用者はどのくらい状態の改善がありましたか?」という、まるで医療の世界と同じ理屈を求めているのです。

ここを厳しく問われれば、ケアマネジャーの中には、状態の改善がない介護支援を提案することに躊躇《ちゅうちょ》する者も増えてきます。というより、そもそも高齢者介護の世界で状態の改善がどこまで重要なのかを考える必要がありますが……。

今では、乱暴な言い方をすれば、ケアマネジャーに対し、「利用者、家族、事業者の自由に介護保険を使わせるな!　ケアマネジャーは理由を付けて介護サービスを行使させるな。そのためにケアマネジャーが存在しているのではないか?」ということになっています。そしてその結果、住宅型老人ホームの経営者の思惑が叶《かな》えられず、十分に介護保険報酬を獲得することができなければ、事業者は倒産していく以外に方法はありません。

このような理屈から現在、多くの住宅型有料老人ホームの経営者は、社員として雇用しているケアマネジャーに対し、「入居者の区分限度額消化率100％のケアプランを作れ！」とハッパをかけています。少し前までは、大声で檄を飛ばして指示を出していましたが、今は少し小声で「社員の使命」という社内ガバナンスの徹底をケアマネジャーに求めています。

さらにケアマネジャー1人では区分限度額を100％消化するケアプランを作ることが難しい場合は、介護スタッフ（サービス提供責任者等）らに対し、「なぜ当該入居者にはこのサービスが必要なのか」ということに対する理論武装をさせ、100％の区分限度額を行使できる体制を作っているのです。

要は国の制度なので、机上の論が成り立っていれば、その行為は正当化されるという理屈です。行政が運営する制度の盲点と言うか、行政の性質を逆手《さかて》にとった、うまい対応策ということになります。しかし、そろそろ限界です。そのうち介護保険法の改正という伝《でん》家《か》の宝刀《ほうとう》の発動で、骨抜きにされることになると思います。

「ケアプラン点検」の名目で始まる行政の逆襲

住宅型老人ホーム等の台頭で、介護保険報酬が増え続けていく昨今、行政側も手をこまねいて見ているわけではありません。現在、ケアプランの適正化に力を入れ、点検の作業に力を入れています。簡単に言うと、第三者らが当該ケアプランの点検を行ない、本当に利用者にとって必要な支援なのかを評価することで、介護保険報酬を支払う根拠であるケアプランの在り方を見直しています。支援をするという制度は残したまま、運用では行使しにくく、使いにくくしていく作戦だと私は理解しています。

ここから先は行政側の胸突き八丁だと思いますが、住宅型有料老人ホームに対し、ケアプラン点検を実施し、「このケアプランはおかしい、不要だ」と言って介護サービスの一定割合を削減してしまえば、理論上、住宅型有料老人ホームの経営は行き詰まります。つまり制度ビジネスである介護保険事業は、最終的には国の方針次第ということなのです。

少し前に、こんな制度改定がありました。住宅型有料老人ホームの運営で入居者に対し、昼間は入居者全員を1階に設置した通所介護事業所に集め、部屋を空《から》にしてしまう。部屋に入居者がいなければ、介護職員を配置する必要はないので、人件費の削減が可能。さらに通所介護事業所は入居者全員から介護保険報酬を毎日受け取れるので、売上が保証されることに。老人ホームの入居者が部屋に戻るのは毎日夜になってから、ということにすれば夜勤者が数人いればよいので一定の利益が出るというスキームです。

このスキームは一時的に大流行りを見せ、多くの事業者がこのスキームに参入しました。おそらく今でもこのスキームは、しぶとく生き残っているはずです。

そこで行政は次のように介護保険のルールを変えたのです。それは「同一建物減算」という制度です。通所介護の場合、送迎という業務があるのですが、同じ建物の2階から1階へ降りるだけの場合、この送迎をやっていない。だから同じ建物内の異動の場合は、介護保険報酬を減額するというルール変更です。

ちなみに、これは通所介護だけではなく、訪問介護でも同じです。介護保険報酬を減額された多くの事業者は、このスキームではうま味がなくなったとして、事業の廃止や転換をしていきました。

私は、住宅型有料老人ホームはこれから大倒産時代を迎えると考えていますが、その前に何らかの救済措置、つまり一定の質が担保できている住宅型有料老人ホームは介護付き有料老人ホームへの転換措置をする必要があると思います。

「必要だから潰さないだけ」。これが行政のさじ加減

介護保険事業者の殺生権は間違いなく国にあります。前にも記しましたが、2000年

当初、国は介護保険制度を広げるために多くの民間企業の参入を促しました。介護保険報酬を用意し、多くの企業が簡単に介護保険報酬にありつけるスキームにしたのです。

そして現在、市場は拡大し、それに伴い財政は悪化。結果、事業者の「量」の調整をしています。予算を決めてその予算の中で事業者に報酬を分け与えなければならないのですが、今は、どの事業者にどのくらいの予算を配分するかということに躍起になっているのではないかと私は感じています。もちろん、この行動が利用者や入居者の「ため」になっているのであれば何ら問題はないのですが、そうではないような気がしてなりません。

当初は、予算の配分をケアマネジャーに託していたように思いますが、ケアマネジャーが民間企業の会社員であることをもって、ケアプランの精神よりも企業利益を追求しなければならず骨抜きにされてしまいました。多くの専門家の意見は「ケアマネジャーはだらしがない」ということで整理しているようです。

私が介護職員だった頃は、介護職員の目標はケアマネジャーになることでしたが、今は、「ケアマネジャーになんかなりたくない」という職員が大半です。傍《かたわ》らでケアマネジャーの仕事ぶりを見てきた介護職員の本音です。そのくらいケアマネジャーは、ここ数年で地位が没落しています。その敗因は、介護保険報酬額の調整弁として国の期待に応《こた》えることができなかったからだと私は考えています。高齢者の自宅にずかずかと入ることができる立場であったにもかかわらず、自身の業務担当領域を広げることができず、ケアプランを作る以外の仕事に取り組んでこなかったこともケアマネジャーの地位が向上しなかった理由だと思います。

ケアマネジャーの地位が向上せず、介護職員から「気の毒に」と同情されるようになったことは自業自得《じごうじとく》の側面はありますが、そもそも民間企業で会社員として仕事をすることが苦手な人たちに対し、優秀な会社員としての仕事を求めてきた介護保険制度の運用に矛盾があったのです。

今後、老人ホーム事業に限らず、介護保険事業者数や介護保険報酬額は、介護保険制度の改定を活用し、国が強制的にあるべき姿にしていくことは間違いありません。全体の予算から逆算して、このサービスにはこの程度という予算配分がなされます。その結果、多くの事業者は淘汰されていきます。なお事業者が想定より少なくなれば、また新規企業の参入促進を介護保険制度の改定で行なっていき、その繰り返しで高齢者介護業界は右往左往して漂流していきます。

残念なことに、利用者や入居者の「こと」など誰も考えてはいません。問題は高齢者先進国として、外面《そとづら》だけ高齢者に寄り添っているように見える制度があるだけで、それ以上でもそれ以下でもないということだと思います。

病院に老人を奪われる老人ホーム。医療で介護はすべてカバーできる。しかし、介護で医療はカバーできない

ここで少しだけ、介護と医療の関係性に触れておかなければなりません。結論を言えば、今の介護支援サービスの多くがこのままでは医療業界に侵食され、やがて消えてなくなるということです。介護業界は消滅するのです。少なくとも介護業界の主力サービスは、大きく変わっていくはずです。

どのように変わるのでしょうか？　今の介護保険制度の考え方からすれば、医療の能力は十分に介護サービスをカバーすることが可能です。医療機関は、訪問介護サービスが提供しているサービスをすべてカバーできます。が、逆は無理です。看護師でなければできないサービスが明確に決まっているからです。同じように医療機関が提供する通所リハビリテーションは、介護事業者が提供する通所介護サービスを能力的にはカバーすることができます。しかし、その逆は無理です。なぜなら通所介護は医師が常駐していないからです。

次のことを整理しておく必要があります。「介護と医療は似て非なるものである。というよりも、まったく違うものである」ということです。しかし、今の介護保険法の概念は、

私の受ける印象では、介護の医療化を進めているような気がしてなりません。

繰り返しになりますが、医療には成果や結果が重要です。病気や怪我をして受診し、もし改善がなければ、その医者は「藪医者《やぶいしゃ》」のレッテルを張られてしまいます。そして患者からの信頼を失い、売上を失います。ここには議論の余地はありません。

しかし介護、特に高齢者介護には、どの程度の改善が必要なのでしょうか？ ここがきわめて難しい問題です。90歳の寝たきりの高齢者がいたとします。ある人は「たとえ90歳であったとしても、人の身体は訓練さえすれば改善するはず。きっと本人も座って食事がしたいはずだ」と考え、「座る訓練をするべきだ」と主張します。またある人は、「もう90歳、本人もそろそろお迎えに来てほしいと言っている。今さら苦痛を伴う座る訓練などしなくても、このままで良いのではないか」と主張します。

いったいどちらの考え方が介護的には正しいでしょうか？ 医療的な考え方で言えば、当然前者の考え方が正しいに決まっています。医療は治す改善することが使命だからです。しかし「介護的には」ということになると、おそらく議論が分かれます。ここが介護の難解なところ。介護とはその人の生活を支えることなので、その人の人生を総合的に判断して決めなければならないという守備範囲が広い仕事だからです。専門性というよりも、かなり広い守備範囲の人生哲学のようなものなのです。

現在の医療介護業界では何となくではありますが、医療と介護の役割分担ができています。しかし、その役割分担について、医療介護の全体像を踏まえて論理的な説明ができる人は皆無です。単に医療は医療、介護は介護というだけの役割分担しかありません。

リハビリは医療？　それとも介護？　という話の中で多くの関係者は、医療保険が使える場合は医療、介護保険が使える場合は介護という区分けをしているだけなのです。中には、介護職員が行なうリハビリは生活リハビリという介護であると言う人もいます。しかし医療と介護を区別するためには、明確にそこに各々の役割分担がなければなりません。医療にしかできないことは医療に、介護にしかできないことは介護にということです。

しかし現在、その役割分担における概念は医療の側から侵食されてきています。そのうち、すべての介護の概念は医療の概念の中に置かれ、結果、医療が介護も担うことになると私は考えています。介護業界は先祖返り、昔のように医療がすべてを担うということになっていきます。

現在、多くのケースで介護保険制度に基《もと》づき実施しなければならないことには、目に見える形での証拠や資料が必要になっています。この観点から考えてみても、医療はスムーズにその証拠や記録を整備することができます。しかし介護は、そもそも情緒的で実体のないことが多いため、証拠や記録の整備には不慣れな業務です。この整備ができていないことが「ダメだ」と言われるのであれば、介護の医療化を進めていく以外に方法はないのではないでしょうか。

乱立してしまった老人ホーム業界の今後

現在の老人ホーム業界は、雨後のタケノコのように大小さまざまな老人ホームが林立し、入居者獲得に熾烈《しれつ》な競争をしています。地域によっては、半径3キロ圏内に10ホーム以上あるところもあります。

入居希望者にとって選択肢が多いのは良いことですが、今はその弊害のほうが強く出ています。1つは、介護職員の確保です。多くの老人ホームにとって介護職員の確保に莫大な時間と費用がかかっています。そのために多くの老人ホームの収益は悪化し、内情は火の車、なんとか金融機関からの借り入れで食いつないでいるという脆弱《ぜいじゃく》なホームもけっして少なくありません。いつ、どこの老人ホームが倒産しても、まったくおかしくはないという状態です。

もちろん老人ホーム事業者側も馬鹿ではないので、具体的な手を打ってきています。今のトレンドはM&Aです。M&Aを行なうことで強い老人ホームはより強くなり、逆に弱い老人ホームは倒れる前に強いホームに吸収されるので、倒産廃業を回避できます。結果、入居者に対するダメージを最小限に抑えることができています。したがってM&Aによる一定の成果はあると私は考えています。

しかし最近では、このM&Aにも陰りが見えてきています。なかなか話がまとまらなくなってきているのです。まとまらない理由は1つしかありません。条件の折り合いがつかなくなったことです。買い手側の条件が厳しくなり、売り手側の条件とマッチしません。平たく言うと、買い手側の事業に対する査定が厳しく、売り手側が思うような値段がつかないのです。さらに取引をまとめるために事業の全部ではなく、一部分だけの譲渡というケースもあるようです。

老人ホーム事業の難しさ

老人ホーム事業の難しさの1つに、多くの他の企業のような経営のスケールメリットを享受できないもどかしさがあります。老人ホームの中にも、全国的に多店舗展開をしている大企業が存在します。読者の皆さんもよくご存知の企業もあるはずです。しかし他の産業と比べ、多店舗展開をしているにもかかわらず、その規模のメリットをうまく享受できないことがあります。

最たるものが「人事」です。つまり職員のホーム間異動が非常に難しいのです。私は介護の世界では、人事を制する企業が勝ち組になれると言っています。当然、経営がうまくいっている企業は、人事制度がうまく機能しています。

当該ホームのホーム長などの管理職が会社の人事に対し「NO」と言うケースもけっして少なくありません。その職員がいなくなると、自分のホームの職員から異論が出てきて管理職が困るからです。会社のことよりも自分のホームのこと、自分のホームのことよりも自分自身のこと。単に精神的に未熟な職員が多いからではないかと言われてしまえば、まさにその通りなのですが、これが介護業界に蔓延《はびこ》っているごくごく一般的な日常的な思想なのです。

よって、多くの店舗数を誇っている老人ホームにおいても、介護職員がAホームは多い、Bホームは足りない、Aホームは求人コストが低い、Bホームは求人コストが高いというようになり、まったく別の組織体であるかのような運営にならざるをえません。

もちろん、この人事運営がうまくいっているホームもあります。ある地方都市に拠点を構える老人ホームの場合、比較的コストの安い方法で地元の介護職員を大量採用し、自社で教育を施した後、大都市圏にある自社の老人ホームに介護職員を異動させます。よくよく調べてみると、系列に介護の専門学校を用意し、学生のうちから自社の企業教育を行ない、言葉は悪いですが洗脳をしている雰囲気もあります。ここに時間と費用を使っていました。つまり先に苦労するか、後で苦労するかということだと思います。

かつてスーパーの雄《ゆう》であったダイエーにも大学がありました。トヨタ自動車にも高校や専門学校、大学があります。最近では日本電産が京都の大学を買収し、技術者の育成を目指しているのを新聞記事で知りました。

要は、力のある企業は人材を若いうち、つまり中学生や高校生のうちから青田買いし、自社の教育機関で教育をした上で、会社に対するロイヤリティの高い人材として企業運営に貢献できるようにしているのです。

人を制する者は介護を制する。他の業界にも同じことが言えるのですが、特に介護業界の場合、介護職員の質を考えると、このことはきわめて重要なことだと思います。しかし多くの介護事業者の経営者は、この問題に真剣に取り組んでいるようには見えません。私は介護事業者に限った話をするなら、介護職員の人材教育について総論では賛成、しかし各論に入ると興味なしというのが実際の現実だと思っています。今の介護事業者に希望を持つことは難しいと思います。

「クダモノ」と発言していた経営者の質の問題

私がある老人ホームに見学に行った時の話です。その経営者から、うちの「果物」を見ていってくださいと言われたことがあります。案内された部屋にはベッドが何台もあり、そこには胃婁の高齢者が何人も横たわっていました。その時、彼の言った「果物」の意味がわかりました。彼は、「果物」ではなく「管者《くだもの》」という意味で言っていたのです。つまり、胃瘻増設により、管が体から出ているから「管者」と呼んでいたのです。悪びれる様子もなく、平気で「クダモノ」と連呼しているその経営者の神経を疑わざるをえませんでした。

当時は、彼のような老人ホームの経営者は少なくありませんでした。家族の厄介者を預かってやっているのだという考え方がまだまだ根強くあった時代です。その頃に介護事業を始めようと決意した経営者の創業時の想いを聞くと、次のような動機が多く聞かれます。「自分の母親をある介護施設に入所させたところ、酷《ひど》い扱いを受けた。自分の母親を入れることができる質の高い老人ホームを作らなければならないと思いました」といった話です。

今から20年以上前は、本当に老人ホームは酷いものでした。その中で、徐々に心ある経営者が介護事業に興味を持ち、将来性を感じ、事業に参入してきたのです。

しかし、ことはそう順調には進みません。今度は、その経営者の思いが強すぎて、介護職員が奴隷のようになってしまったのです。経営者の行きすぎた入居者至上主義が介護職員を追いつめ、入居者の権利意識を助長させたことは間違いありません。その結果、介護職員は馬鹿馬鹿しくなって違う仕事を求めて離職していきました。

第3章

介護の現場のウソと真実

~トラブルが絶えないのはなぜか~

人手が足りないというウソ

老人ホームの介護職員不足が、まことしやかに言われています。私の周囲の老人ホーム関係者の誰に聞いても、介護職員が足りないと言っています。

しかし、本当に介護職員は足りないのでしょうか？　多くのケースで見られるのが、「国が決めた介護職員の配置基準は満たしている。しかし、介護職員が足りない」という事実です。言い換えると、介護職員の頭数は充足している。しかし、役に立つ介護職員がいない、ということです。

ちなみに、役に立つ介護職員とは、単に能力があるということだけではありません。能力があったとしても、家庭の事情などで夜勤や早番ができない介護職員なども、役に立たない介護職員として認識されます。

老人ホームの場合、24時間にわたり介護職員の配置を求められています。夜中だろうと、早朝だろうと、介護職員が必要です。しかし、私は9時から17時までしか勤務できませんという介護職員の場合、多くのホームでは役に立たないとの評価を受けてしまいます。働き方改革が声高《こわだか》に叫ばれている昨今、老人ホームの介護職員とは、なんて旧態依然とした仕事なのでしょうか？

その理由は、次のような事情によります。通常、老人ホームの場合は、1カ月24時間の勤務シフトを作成しなければなりません。その中で、どの時間帯でも、その時間帯に決まった業務を遂行しなければならず、一定数、必要な介護職員を配置しなければなりません。つまり昼間帯だけ介護職員がたくさんいても、ホーム運営は成り立ちません。どの時間帯にも、まんべんなく一定の介護職員配置が求められているのです。

このような話をすると、日勤帯は、日勤帯専門の介護職員を配置し、夜勤帯は夜勤帯専門の介護職員を配置すればよいではないか？　という意見があると思います。そして、正社員のどの時間帯でも勤務可能な介護職員は、早番や夜勤といった中途半端な時間帯を担《にな》ってもらえばよいのでは？　と。

しかし、このようなフォーメーションを敷いた場合、今度は、どの時間帯でも勤務可能な正社員の介護職員から不平不満が噴出します。なんで自分たちが早番ばかりやらなくてはならないのか？　と。

さらに入居者やその家族からは、正社員が昼間帯に勤務していないということはいかがなものか、というクレームがくるのです。自分たちは、ホームに来て社員と話がしたいのに、社員は早番や遅番をやっていて、なかなか会って話す機会がない。一番生活を充実させなければならない昼間帯にパートや派遣社員しかいないというのは問題なのでは？　と。

だから老人ホームの管理者の立場から考えた場合全職員がまんべんなくどの時間帯でも勤務可能な介護職員であってほしいと思っているのです。そして、このような職員を、貴重な職員と言うのです。

しかし、現実はそうはいきません。経営者が経費に厳しい会社の場合、社会保険料を削減しようと正社員や常勤職員の雇用は極力避けています。そのかわり、非常勤スタッフを大量に雇用し、介護体制を構築しているホームも珍しくありません。特に医療機関が運営する老人ホームには、このような考え方が多く見受けられます。理由は多々あると思いますが、私は医療従事者の感覚で介護職員を考えているからだと結論づけています。医療従事者の多くは専門的な教育を専門の教育機関で習得し、その裏付けとして技術や知識、資格を保有しています。したがって、いつでもカルテという情報ツールさえあれば、受け持つ仕事に100%成果を上げることができます。しかし介護は違います。医療とは、ここがまったく違うのです。

私の経験で言うと、新人介護職員が50人の入居者の顔と名前を覚えるのに要する時間は、おおむね1カ月程度です。私もさまざまなホームで介護職員として勤務していきましたが、そのくらいはかかっていたはずです。

ちなみにどのようにして覚えるのかと言いますと、私の場合は、入居者の顔写真を入手し、そこに名前、年齢、前職、家族構成などの情報を入居者台帳から転記した上でかかわったたびに、どのような人なのかを加筆しながら覚えていきます。介護業界流の言い方をすると、自分用の入居者フェイスシートを作って覚え込んでいきます。

当然ですが、特徴がある入居者や接点の多い入居者は、すぐに覚えることができます。何度も何度もナースコールで呼ばれるとか、すぐに怒鳴り出すとか。また身体的に特徴がある入居者も覚えやすいほうです。さらに介護支援に対し特別なルール、たとえばその人しか使用しない介護用補助具を使うなども、そうです。

医療は学術的な見地からエビデンスに基づく手法が確立されているため、医療従事者であれば、どの病院であっても、自分の専門領域の仕事はすぐに100%の能力を発揮することができます。患者のカルテを確認し、前任者の記載事項を見れば、状況の把握は可能ですから、次に自分がやる行為は、体系的に整理されている複数の選択肢の中から選べばよいだけです。

だから、「代診」という仕事が確立できているのです。「代診」とは、自分の代わりに今日だけ代わりの医師を頼む制度です。何らかの理由で毎週金曜日は自分が診察できない場合、代診の先生にお願いしようということになります。しかし、介護はそうはいきません。前に記した通り、入居者の顔と名前を覚えない限り、たとえ介護技術に長《た》けていたとしても、食事の配膳すらまともにできない仕事なのです。
次項で詳しく触れますが、介護職員が辞めていく原因の中に、この介護特有の事情があることも覚えておいてください。

介護職員に離職者が多い本当の理由

介護職員は離職する者が多いと言います。たしかに私も多いと思います。しかし、この数字には大きな「からくり」が潜《ひそ》んでいます。

はじめに介護職員には、どのような立場や状況の人たちが就職するのでしょうか? 介護職員の大多数は転職組です。しかも職を転々としてきた人たちの最後の就職先、最後の受け皿に介護職はなっています。誤解を恐れず単刀直入に申し上げれば、他の業界では、雇用してもらえなかった人たちが、最終的に仕事を求めて流れ着いてきた場所、それが介護現場だといってもよいのではないでしょうか。

手に職があれば、タクシードライバー、調理師、大工さんなどの職人としての道もあると思います。しかし、それらの技術や知識を持ち合わせているわけではない場合、多くの人は無資格未経験でも就労可能な営業系の仕事に従事しています。

偏見も少し入った経験値で申し上げると、どういうわけか私の周囲の介護職員は学校、幼稚園、保育園などの元教員が多かったと思います。それらの転職組職員に前職を辞めた詳細を聞いてみると、ある元中学校の先生は生徒に虐《いじ》められたので職を辞《じ》したとか、保育園の元保育士は子供の親から無理難題を言われて嫌になったとか説明してくれます。

つまり介護職員とは、今まで勤務していた会社や業界での仕事の中で何らかの理由で嫌になった人が最後の仕事先として介護業界に仕事を求めてくるのです。さらに、そのような人たちの多くは介護や福祉の世界ならきっと「平和にちがいない」「いざこざは存在しない」「周囲も優しい人たちばかりである」という先入観で入職してくるのです。しかもこれらの人たちは本質的には優しい人たちばかりなので、介護は自分が社会（人）で役に立てる仕事だという動機もあると思います。

ちなみに似て非なるものである医療の世界も、同じように人の役に立てる仕事だということで目指す人も多いと思いますが、介護と違い、医療の世界では少なくとも数年間は専門の学校や大学で懸命に勉強をしなければ資格が取得できません。資格取得後も数年間は専門知識を習得するために、医療機関などで下積みを経験することもあるでしょう。人の命にかかわる仕事なので、先輩や病院からの指導も厳しいはずです。なにしろ間違えれば、人が死ぬことになるわけですから当たり前です。したがって看護師を含めて医療従事者は、仕事に対する「覚悟」が違います。

介護を目指す人の多くはその性質上、専門的な知識がそれほど求められるわけではないゆえに、片手間または中途半端な気持ちでも十分に取り組めます。いわゆる「やる気さえあれば何とかなる」というやつです。したがって医療従事者ほど、覚悟を決めて仕事に就《つ》いてはいません。

介護現場を見渡してみると、介護職員として優秀な者の中には、さらにもっと専門的な仕事がしたいと言って看護師を目指す者が少なくありません。優秀な介護職員が介護職員を辞めていく典型的なパターンだと思います。

さらに介護職員に多いパターンが「オタク」です。私が勤務していた老人ホームにも「ゲームオタク」「鉄道オタク」「アニメオタク」と、さまざまなオタクの介護職員が勤務していました。彼らは自分の興味のある分野には滅法《めっぽう》強く、私は幾度となく公私にわたり彼らに助けてもらったことを記憶しています。しかし彼らが介護職員として、一人前の仕事ができていたかどうかは疑問です。

介護職員の多くはそもそも仕事に対し、驚くほど執着を持っていない人たちだということです。大袈裟《おおげさ》な言い方をすると、いつ辞めてもかまわないという前提で働いている人たちなのです。入社も何となく、退職も何となく、といった感じです。就業意欲がない人と言ってしまえばそれまでですが、だからといって仕事が嫌いなわけではないようです。

もし興味があれば、介護職員の年齢とその人の転職回数を調査してみてはいかがでしょうか。面白いほど、多くの職場を転々としているはずです。

もちろん、どの世界、どの会社にも、このような人たちは一定数存在すると思います。逆に介護職員として1つの会社で20年、30年の長きにわたり仕事をし続けている人も皆無だとは思いません。一般的な話としては、介護職員は職を転々としているケースが多いのです。

それでは、なぜ介護職員は、職を転々としてしまうのでしょうか？　一般論としては、仕事に対する執着心がない人たちであるのが理由ですが、各論も当然あります。その1つは、前述したように介護業界特有の仕事の仕方にあります。

たとえば老人ホームの場合、入職後1カ月ぐらいはまったく役には立ちません。何度も言うように、入居者の名前と顔が一致していないのですから当然です。さらに毎日、ルーティーンの仕事があり、その上、入居者ごとの個別の対応もあります。勤務帯によって仕事も変わるので、皆さんが想像している以上に覚えることが盛り沢山です。この段階で「私には、とてもとても仕事を覚える自信がありません」と言って辞めていく介護職員は少なくありません。

老人ホームでは1人で仕事をするのではなく、複数の介護職員とチームを組んで仕事をするのが普通です。したがって、他の職員の仕事の仕方に自分が合わせる必要性が生じます。

たとえば2人で組んで仕事をしている場合、11時から次の仕事に移るためには、この仕事は10時55分に終わらせなければならないという暗黙のルールがあるとします。相手は仕事が終わっているのに自分だけまだ仕事が終わっていないと、パートナーに迷惑をかけることになります。パートナーによっては、「仕事が遅い」とか「もうあなたとは一緒に仕事をしたくない」などと言われることもあります。

夜勤帯ではこのような現象がよく発生します。私が駆け出しの介護職員だった頃、朝の7時に早番の勤務帯の人が出勤してくるまでの間に、全入居者の排泄介護を夜勤帯の仕事として完了しておくというのが暗黙のルールとしてありました。暗黙のルールなので、どこにも明文化されていません。それでも新しい入職者は既存職員からそう説明を受けるので、それが決まりだということになります。

そうすると、業務完了時間を7時として逆算するので5時頃から排泄介助に入ります。順調な時は良いのですが、アクシデント、つまり想定外の仕事が入ってしまうと大変です。私も何度か経験しましたが、早朝、入居者が失禁してしまうと、おむつの交換業務だけではすまなくなります。洋服の着替え、寝具の交換などの追加の仕事が出てきます。すると、朝7時までには間に合わないということになります。

夜勤者は必死になって7時完了を目指して努力しますが、物理的に無理な場合がありま す。万一、朝7時までに間に合わないと、早番からクレームが来ます。「今日の夜勤は誰なの？ まだAさんの排泄介助が終わっていないじゃない」となるわけです。そしてこのようなことが複数回あると、「B職員は使えない」という評価になり、やがていじめへと発展していくのです。

悩む職員は仕事を辞めてしまう

私の周囲にも、このことに悩み、退職をしていった介護職員はたくさんいました。ホームの設定したルールを守らないと、他の介護職員に迷惑がかかる。正確に言うと、他の介護職員が不機嫌になるのです。

私の経験から介護現場の実態を説明すれば、まず夜勤者は、明日の早番は誰なのかを確認します。その人がルールや決まりに厳しい介護職員の場合、7時までに排泄を完了しておく必要があるので排泄介助の開始時間を考えます。遅れを許してくれない介護職員が朝、助けに来るような場合は、開始時間を5時ではなく4時から開始しようとか、着替えが大変な入居者やイレギュラーが起きそうな入居者はナイトケア時に寝間着に着替えることはやめておくという判断もします。そのぐらい介護職員の流儀によっては、時間の遅れは許されないものなのです。

朝の4時に、まだ夢の中にいる入居者に対し、無理やり着替えを要求し着替えさせるという行為は、介護職員によっては辛《つら》いものになります。ホームの決まりは守らなければならない。しかし入居者のことも大切に考えたい。いったい自分はどうすればよいのか？ということで真面目で心ある介護職員は悩み、苦しみます。そして悩む職員の多くが出す結論は、仕事を辞めるということなのです。

逆に言うと、入居者のことよりも自分たちの仕事のルールのほうが重要だと割り切っている介護職員は、この問題で仕事を辞めることはありません。ちなみに早番がなぜ夜勤帯の仕事が完了していないことに対し厳しいのかと言えば、早番にも仕事があり、その仕事が終わらないと、日勤帯や遅番から文句を言われるからです。多くの老人ホームなどの居住系の介護施設では当たり前ですが、業務の役割分担がしっかりとルール化できています。各担当者が役割を果たさないと、後工程に迷惑が生じ、最終的には誰かが残業をして残った仕事を片付けなくてはならない運命にあるのです。だから遅れの原因を自分が作ったとか、自分のせいだということにはしたくないし、何度もこのようなことがあるとホームで働き辛くなるのです。

余談ですが、多くの人たち、特に現場の事情を理解する立場にいない行政などの人たちは、離職をしない介護職員は優秀だというイメージを持っているようです。しかし1つのホームに長く勤務している介護職員の中には、入居者の都合など一切考えずに自分勝手に仕事をしている職員も多々存在しています。誠心誠意、仕事をしている介護職員の多くは、入居者と職員や会社の都合の板挟みの中で悩み、苦しみ、やがてそれに耐え切れずに離職をしていきます。

介護保険制度の中の介護現場の実態をしっかりと見なければなりません。勤続年数が長い介護職員が多い。だからこのホームは能力が高いといった評価を、業界内でちらほらと聞きます。その時に私は、このことを念頭にホームの性能、つまり介護職員の質を自分なりに確認しています。

このような見方をしなければ、本当の介護現場の本質は見えてきません。これが介護現場のあらましです。だから私は、介護職員のことを「自分には甘く、他人に厳しい人たち」だと言っています。自分ができないことは棚に上げて、他人（他の職員）の失敗は許さない人たちです。

だから彼らは職を転々とするのです。仕事をすぐに辞めるのです。これが介護現場に存在するおかしな文化なのです。「賃金が安いから介護職員が辞める」「仕事がきついから介護職員が辞める」。そんなことを言っている人は、介護現場のことをまったく知らない人たちだと私は思います。

介護職員が辞める本当の理由の多くは、自分の納得のいく仕事ができないことへのジレンマ（ホームの事情も理解できるが入居者の事情も考えていきたいという、両立ができないこと）と、その事情をまったく汲《く》んでくれない利害関係者からの心ない言葉や行動によって自分の仕事が馬鹿馬鹿しく、割に合わなくなってしまうことにあるのです。

コミュニケーション能力を介護職員には求めていない

皆さんは、介護職員のことをどう評価しているでしょうか？　介護という仕事を選ぶ人たちなのだから、きっと心優しく、対人コミュニケーション能力に長《た》けている人たちのはずだと考えているのではないでしょうか？　もし、そう思っているのだとすれば、それはまったくの間違いです。というよりも、それと正反対の人が介護職員には多く存在しています。

まずコミュニケーション能力とは、どのような能力を言うのでしょうか？　私が考えるコミュニケーション能力は、「話す力」と「聞く力」です。話す力には説明能力が含まれ、聞く力には理解能力が含まれます。当たり前の話です。これらの力の根源は何かと言えば、知識と経験です。知識は座学で身につき、経験は実践で身につきます。

つまり知識と経験が十分にあるかどうかで、コミュニケーション能力が高いか低いかを計れるのです。知識や経験がなくてもコミュニケーション能力が高い人がいるのでは？と主張する方もいると思いますが、すべての根底にあるものは知識と経験です。その能力に加えて想像力や察知する能力、気付き力がある人がコミュニケーションに長《た》けているというのです。

介護職を目指してなる人など、ごくごくわずかです。多くの人は、「仕方がないから」、または「介護事業者しか雇ってくれなかったから」という後ろ向きの理由で介護職員になります。

したがって介護職員になった瞬間の時点では、介護に関する専門的な知識は有してはいません。介護人の多くは仕事をしながら、実践で学んでいくのが普通なのです。

会社や業界団体はさまざまな教育研修プログラムを用意していますが、残念なことにその多くは、介護事業者の絵に描いた餅、つまり非現実的な話ばかりです。とても機能しているとは言えません（人員配置やコストを考えた場合、研修や勉強を勤務時間内に実施することは不可能に近いのです）。

つまり現実には、知識と経験が不十分な職員が多く、「話す力」も「聞く力」も不十分だということになります。結果、コミュニケーション能力も不十分だとなります。もちろん、いくら知識と経験があったとしても、それを表現する力が劣《おと》っていれば、コミュニケーション能力は劣って見えるのでは？　という論もあるでしょう。それはもっともな話です。医療と違い、介護は生活を支えるだけの役割なのだから、日常生活における常識があれば、十分に入居者とコミュニケーションを取ることはできるはずだと考える人もいると思います。それもその通りです。

しかし現実的な話としては、老人ホームなどの介護現場では、入居者と介護職員とが日常生活の中で雑談をする時間が取れるケースは、読者の皆さんが考えているほど多くはありません。多くの介護現場が介護職員に求めていることは、実は「決断力」なのです。AさんとBさんのどっちを先に入浴させるべきなのか？　から始まり、Aさんの言い分とBさんの言い分はどちらが正しいのか（どちらを採用するべきなのか）とか、Aさんからのリクエストに応えることが本当にAさんのためになるのか、同時にナースコールが鳴ったがどちらの入居者を優先して対応するべきなのかなどなど、常に取捨選択、決断を介護現場は介護職員に迫ります。

この決断ができない人のことを、介護職員は「仕事ができない人」と整理してしまいます。単に入居者の言うことをなんでもかんでも無条件で聞くだけの介護職員は「ダメ職員」

のレッテルを張られるのです。

介護現場における対人コニュニケーション能力は、介護職員に対し、それほど求められているスキルではないということなのです。

もし老人ホームなどに行ったことがあれば、思い出してみてください。医療もそうですが、介護現場でも元気が良い職員の多くは女性職員です。てきぱきと仕事をこなし、ダメなものはダメとはっきり言っている多くは女性職員です。男性職員は、どちらかというとなよっとしていて優しい人といいますか、優柔不断な人が多いと思います。

この決断を支えている重要な要因は、やはり知識と経験です。習得した知識や経験を通して、このケースは毅然《きぜん》とした態度で断わる必要ありと判断した場合は、そうしなければなりません。

知識と経験を適切に活《い》かすには何が必要なのでしょうか？　介護の場合、知識や経験を活かす原動力は、相手に対する「思いやり」です。相手のことを考えて行動する気持ち。これがスムーズに実施できれば大きな問題は起こりません。

さらに、もう1つの原動力は「お節介」です。「お節介」とは、節度のある介入と訳します。節度を持って相手のプライバシーに介入することが、介護には必要なのです。

言い換えれば、人に興味を持つこととも言えます。しかしながら昨今、この「お節介」

はやり過ぎると、○×ハラスメントと言われ、やらなすぎても○×ハラスメントと言われます。今は介護職員にとって、実はきわめて難しい時代になっていることを、理解してほしいのです。

介護職とは、社会の底辺の仕事なのか？

読者の皆さんは、介護職員という仕事をどのように捉《とら》えているでしょうか？　皆さんは、自分の子供や兄弟を介護職員にしたいと思っているでしょうか？

私が老人ホームの施設長をやっていた時の話です。孫の成人式の帰りに入居者の家族がホームにやってきました。もちろん、孫の晴れ姿を入居者である祖母に見せるためです。綺麗な晴れ着姿の若いお嬢さんとご両親と3人で、入居者の部屋で楽しそうに談笑しています。小一時間ぐらいして、彼らは次の約束があるからと言って部屋を後にします。足の悪いAさんは部屋の前から3人を見送ります。その表情を見ると、本当に孫を愛《いと》おしそうにして後ろ姿をいつまでも見送っています。私は、正面玄関の前にある駐車場まで3人を送ることにしました。その道中での会話です。

入居者Gさんの長女「いつも母を本当に親切にしていただき、ありがとうございます」

私「仕事ですから当たり前です」
入居者Gさんの長女「いくら仕事とはいえ、なかなか普通の人ができるような仕事ではありません。私は、ホームに来るたびにヘルパーさんには本当に頭が下がる思いなんですよ」
私「それはそうと、お嬢さまの成人、おめでとうございます」
入居者Gさんの長女「お陰さまで。来年は大学3年生になるので、そろそろ就職のことを考えてくれないといけないのですが、親に似てのんびりしているので。就職を真剣に考えているのかどうか……」
私「親に相談しないだけで、きっと心に秘めた仕事があるはずですよ。おばあさまも昔は、バリバリ仕事をしていたのですから。そのお孫さんなのだから心配はいりません」
入居者Gさんの長女「そうだと良いんだけれど……」
私「介護の仕事なんてどうでしょうね」
入居者Gさんの長女「…………」
沈黙と冷たい視線。

この件について、彼女の反応は何もありませんでした。しかし、その顔付きからは、次のような気持ちが透《す》けて見えます。「あなたはいったい何を狂ったことを言っているの?

うちの大事な娘が何で介護職員なんてやらなければならないの。一流大学に行って介護職員になんて、なるわけないじゃない」。もちろん、そんなことは実際に言われていません。が、私の耳には彼女の心の叫びとしてそう聞こえました。

介護職員とは多くの人から、そういう評価を受けている仕事なのです。そして大変残念ですが、今の介護業界の仕事ぶりでは、そう評価されても仕方がない、と私も評価しています。

皆さんは、介護職員のことをどのように評価しているでしょうか？　客観的な材料で確認してみましょう。近しい業界である「医療従事者」との違いから考えてみると、まず何と言っても偏差値があります。医学部の偏差値は総じて高く、介護系の学部の偏差値はそれほど高くはありません。これは現実です。さらに最近では、看護学部系の偏差値はずいぶんと高くなってきているようです。これは医療系関係者の努力の賜物《たまもの》だと思います。

次に目標設定についてです。実はこの部分が一番重要だと私は考えています。医療従事者の多くは、学生時代から「医者になりたい」「看護師になりたい」「理学療法士になりたい」といった気持ちで学校に行く人が圧倒的に多いと思います。明確な目標を持ち、そのために学校に行き、必要な知識を学び、国家資格を取ってから就職をします。

しかし介護職員の多くは「私は介護職員にどうしてもなりたい」と言って学校に行く人

は、おそらく少数派です。少なくとも私は、介護職員になりたくて学校に行った人とは出会ったことがありません。多くは、仕方がないから介護職員になったのです。ここが、医療従事者と介護系職員との圧倒的な違いです。

ある職員は前職で嫌なことがあり、会社を辞めたはいいが、再就職先がなかなか決まらず、介護業界なら採用してくれるからという理由で介護職員になりました。

またある人は、家の近所で職を探していたら、たまたま近くの老人ホームで介護職員の募集があったから応募してみたら採用されました。

介護職員の多くは、介護職員になりたくてなったわけではなく、何らかの事情で介護職員になっただけ、という人がほとんどです。だから医療と比較すると、どうしても仕事に対する甘さは否《いな》めません。所有している専門知識も医療人とは、比べものにならないほどお粗末です。だから医療者から素人《しろうと》だと馬鹿にされるし、「あなた、こんなことも知らないの?」と言われて看護師などから必要以上に虐《いじ》められることも多々あります。

私が駆け出しの介護職員だった頃は、毎日のようにホームの看護師から怒られていました。「Aさんがお腹が痛いと言っています」と私。「お腹のどこが痛いの? どのように痛いの? ズキズキ痛いの? キリキリ痛いの? 熱はあるの? バイタルは?」と矢継ぎ早に質問が飛んできます。スムーズに回答することができない場合は「ちょっと介護主任、来なさいよ！　新人職員の教育をもっとしっかりやってよ。何も知らない人間を介護現場で働かせるなよ！」と、私ではなく、介護主任がその場で看護師に叱責されたものでした。新人の私はその叱責に対し当然、反論はできません。なぜなら、その看護師の言う通りだったからです。その時の私はただひたすら、この看護師に言われたことを必死に覚えたものでした。

医療と介護——2つの仕事の大きなへだたり

しかし医療と介護の話は、次の話で逆転します。医療は仕事に就《つ》くことが一定のゴール（目標になっている）です。その証拠に晴れて医者になれた、看護師になれたということであれば、多くの家族がお祝いをしてくれるはずです。

しかし介護という仕事は、仕事に就いてからがスタートです。どんな人でもやる気さえあれば、挑戦することができる仕事です。一応国家資格は存在しますが、仮に資格がなかったとしても、腕に自信があれば仕事に就くことができます。そして会社側も使ってくれます。要は、介護という仕事は仕事に就いてからが勝負であり、仕事に対し、どう向き合うかで尊敬される介護職員になれたり、ホーム長や施設長の任に就くことも可能です。介護会社の経営陣として活躍することもできます。

つまり仕事に就いてからの努力で、どうにでもなる仕事なのです。ここが医療とは少し違います。もちろん医療従事者も仕事に就いた後、よりレベルの高いステージを目指し、努力をする人は少なくありません。しかし一定レベルの国家資格に合格した者しか従事できないために、人となりには関係なく、資格を保有しているという理由だけで、それなりの賃金を獲得することが可能な業界、資格だけで食べていくことができる業界です。つまり、なれたらゴールです。

さらに介護が医療と違うこと、特に介護が医療よりも優位性を感じられることは、その守備範囲が限りなく広いため、自分の得意分野、前職での経験や知識を介護現場で活用できるという点です。ちなみに医療業界は、狭い専門分野をより深く追求しなければならない業界だと思います。

私のように不動産関係の仕事から転職して介護職員になった者は、次のようなことで優位性があります。

食事を終えてお茶を飲んでいるGさんに対し、テーブルを片付けながらこう話します。

私「Gさん、今まで住んでいたご自宅はどうなっているのですか?」
Gさん「そのまま放ってあるよ。息子に聞いたら息子は住まないって言うから」

私「それでは家は処分するの？」
Gさん「処分してもいいんだけど、思い出もあるしね」
私「人が住んでいない家は傷《いた》みが早いって言われているけど」
Gさん「だから、お金を払って業者に定期的に窓開けや掃除に行ってもらっているんだよ。けっこう費用がかかるんだ」
私「息子さんが住まないなら、人に貸して家賃を貰ったほうがいいんじゃないの？」
Gさん「人に貸すと面倒なことになるから」
私「信用できる不動産管理会社に委託すればいいのでは？　多少費用は取られるけど、面倒はなくなりますよ。しかも今は昔と違って〝定期借家〟といって期限付きで貸すこともできるから」
Gさん「あなたは詳しいね。少し考えてみるよ。もし決めたら、よい管理会社を紹介してくれるの？」
私「もちろん」

という具合です。介護とは何度も言っているように人の生活を支えるために存在しているところに価値があるので、介護専門の知識だけではなく、さまざまな知識や教養が役に立つ業界なのです。だから誰にでもできる仕事でもあり、社会の底辺に属する仕事だとも言えますが、働く個人の能力の如何《いかん》によっては、尊敬される可能性も限りなくある魅力的な仕事です。

人間力という言葉があります。この人間力が一番問われている仕事が介護業界だと私は思っています。もし本当に人間力に自信があるという人は、介護業界で自分の可能性を切り開いてみたらどうでしょうか。誰にでもできる仕事。だからこそ極めれば尊敬されることも可能なのです。

「流派」があることを、まず知っておきたい

介護には「流派」「流儀」があります。これが私の持論です。介護に対する苦情やクレームの多くは、この流派流儀のミスマッチによるものだと考える必要があります。良い介護サービスを受けたければ、自分に合った介護流派や流儀の介護事業者や介護職員とめぐり合うことが重要なのです

簡単に、この流派流儀について説明をしていきます。あなたは夜間帯にオムツ交換を望みますか？　この問いに回答する前に次の前提事項を理解してください。就寝時間は夜の10時です。起床時間は朝の6時とします。この間、8時間あります。

A介護職員は、入居者の睡眠時間に重きを置きます。高齢者はどうしても眠りが浅く、些細なことでも目を覚ましてしまうからです。そして一度目を覚ますと、なかなか眠れません。老人ホームでは、入居者の水分補給を積極的に管理しているところも少なくありません。そのようなホームの場合、夜中にトイレのために〝起きたくない〟という理由で、水分補給を拒絶する入居者は実は少なくありません。高齢で体力が落ちているので、トイレに行くこと自体が面倒だということと、一度起きたら寝られなくなるからです。

A介護職員は、夜の10時に最終のオムツ交換を行ない、大容量の吸収パットを装着して翌朝6時まではオムツ交換には入りません。これがA介護職員の流派流儀です。

B介護職員はA介護職員とは逆です。いくら吸収パットをしていたとしても、汚れていることには変わりはありません。清潔を保つ、また快適に眠るという観点から、入居者の排泄リズムに応じて3時間おきに排泄介助に入ります。もちろん排泄介助時には、入居者は起きてしまいます。その後、なかなか寝つけないケースもありますが、汚れたままのオムツをそのままにしておくなんてありえないとB介護職員は主張します。

皆さんは、どっちの流派流儀が良いでしょうか？　実際に、オムツをしたことがない方は状況を想像することは難しいと思いますが、少し考えてみてください。

どちらも入居者のことを考えて出した結論なので一長一短です。しかし介護業界では、自分の流派流儀が一番正しいと考える風潮が強いのです。この風潮が強いがゆえに、老人ホーム内に会社の指示や命令が浸透せず、会社の指示とは反対のことを正しいと信じて取り組んでいる介護職員が存在してしまうのです。私の経験で言うと、多くの介護職員は新人の頃、一番最初に熱心に指導してくれた先輩の介護流派流儀を基本的に正しい介護として引き継いでいるようです。

私は介護職員として駆け出しだった頃、「介護の国」から来たような女性の介護職員から介護のイロハを学びました。彼女はいつでも、どこでも、入居者ファーストを貫き、自分の都合は後回しにできる献身的な女性でした。夜間のラウンド（見廻り）時にも、音を立てると入居者が目を覚ますと気の毒だからと言って、眠りの浅い入居者の居室の前では靴を脱いで廊下を歩く徹底ぶりでした。

ちなみに、この先輩介護職員の流派は後者でした。「汚れたオムツでは可哀そう。だから必ず3時間おきにオムツ交換に入るように」と私は指導されました。さらに、この先輩は汚れたオムツを穿《は》いている人の気持ちがわからないとダメだと言ってオムツを穿かされたものです。勤務時間中、トイレに行くことを禁止されたこともあります。そして「いくら吸収パットがあっても、汚れていると気持ちが悪いでしょ。寝たきりの入居者は、いつもこの状態で何も言わずに我慢しているの。だから、その人の排泄リズムを把握し、汚れたらすぐに交換しなければならない」とオムツ交換の正当性を力説されたものです。

皆さんは、どちらの流儀流派がよいでしょうか？　そして自分の流儀流派のホームに入居したほうが、居心地が良いことが理解していただけたでしょうか？　中には、そんなこと、事前に老人ホーム側に言っておけばよいのでは？　と思われる方もいると思います。

たしかにその通りです。老人ホームに対し事前にリクエストをしておけば、その通りにやってくれるはずです。理論的には、そういうことです。しかし現実にはそうはいきません。老人ホームは医療と違い、指示や命令が通らないことが当たり前の組織だからです。ここを理解できないと、老人ホームとうまく付き合っていくことはできません。

ちなみに老人ホームのクレームで、おそらく一番多いクレームは、「リクエストをお願いした通りにやってくれない」というものです。これには原因がいくつかあります。老人ホームの場合、シフト制で働いているので、入居者のリクエストを全職員が朝礼などで共有することは不可能です。シフトの都合上、３日間ぐらい出勤しない職員も少なくありません。さらに職員も正社員だけではなく、パート社員や派遣社員なども多く、特定の時間帯だけの部分パート社員など多様化した勤務形態のため、さらに情報共有が難しいという事情を持っています。

多くの老人ホームでは、これらのことを解消すべく、申し送りノートや業務日誌などを導入し入居者のリクエストを明記していますが、情報量が多く、3日も来ないと浦島太郎状態になってしまいます。当然、情報の見落としは珍しくなく、A職員にリクエストした内容がB職員には伝わらず、やってもらえないということは日常茶飯事です。そのためクレームも日常茶飯で起きるのです。

最近ではIT化が進み、この部分をITで解消しようという動きも増えてきましたが、正直、まだまだ不十分であることは否《いな》めません。

しかし、この排泄行為が入居者のリクエストではなく、ホームの流派だとすれば黙っていてもやってくれます。全介護職員は入職時にホームの流派に対する説明を受け、個人がどう考えようとここのホームではこうしているという統一した介護支援内容をレクチャーされます。さらには違う介護支援をしている介護職員には、先輩、同僚の介護職員らが強烈に修正を求めてきます。だから、ホームの流派が強く打ち出されてくるのです。

個々の介護職員に対し会社の指示や命令はおおむね浸透はしませんが、この流儀流派は自主的なルールとして現場で自然発生するものなので、しっかりと根づきます。なぜなら、この流派流儀を守れない介護職員は他の介護職員から犯罪者のごとく厳しく、冷たく扱われるからです。

私が介護は流派が重要だという本当の理由は実はここにあるのです。介護職員らから自然発生した介護支援の方法は、びっくりするぐらいホーム内に定着していきます。まるでそれはホームの鉄の掟《おきて》のようです。指示でも命令でもなく、介護職員に対する規範として定着していきます。

そして一度定着した掟は、そう簡単に変更されません。これも介護職員の特性です。リクエストをすれば叶《かな》えてくれるということは、理論的にはその通りですが、実際には、かなり難易度が高いものだということを理解しなければならないのです。

だからホーム内に定着している介護流派を理解し、自分の介護観と同じかどうかを把握するということが重要なのです。なるべく同じ介護観を持つ老人ホームに入居することがストレスなく生活を送る最善の方法ということになるのです。

施設内に築かれる介護主任の王国

多くの老人ホームはホーム長を頂点として、副ホーム長や介護、看護の主任職員、リーダー職員、そしてケアマネジャーや生活相談員などで構成されます。その他にも、厨房を運用する調理スタッフや送迎車の運転等を担当する営繕スタッフなどが配置されています。

当然、ホームはホーム長の方針に基づき運営されているのが普通ですが、このホーム長が頼りないと、ホーム長に代わる指導者が出現してきます。中でも、介護主任や看護主任、ケースワーカーらがそれらの役割を担うケースが多いと思います。

もちろん、このようなホームはダメホームであることは言うまでもありませんが、実は想像以上に多いと考えなくてはなりません。中でも介護主任が陰のホーム長になっているケースは多いと思います。

少し詳しく解説をしていきます。看護師が「陰のホーム長」になってしまうケースもないことはありませんが、老人ホームの看護師の場合、派遣スタッフなどホームに直接雇用されていないケースが最近では増えてきています。したがって、このようなケースでは、ホーム内の日常的な業務に深く関与するような物好きな看護師は多くはいません。

生活相談員も陰のホーム長になってしまうケースがありますが、生活相談員は業務の性質上、介護職員と対立するケースが多く、介護職員から嫌われることはあっても好かれるケースは少ないので、なかなか介護職員をまとめることはできません。

ちなみに生活相談員は、入居者やその家族の面倒を見ることが役目なので、彼らの想いや考えを本人に代わり介護職員らに伝えます。当然、介護職員らに対するクレームや要望も少なくなく、介護職員からは「そんなことできません」と言われます。「できません」と言われ、「はい、そうですか」では仕事にならないため、さまざまな手段で介護職員に対し、家族や入居者の都合をねじ込んでいきます。介護職員側の立場に立って考え、やる気のある生活相談員がホームにいると、自分たちの仕事がどんどん忙しくなってしまい、当然、面白いわけがありません。

そのような中、ホーム長に指導力がないと、介護主任が陰のホーム長として君臨し始めます。特に人事権と入居者受け入れ権の2つは、ホーム内で指導力を発揮する上で必要な権限です。

ホーム内での人事権とは、自分の好き嫌いで介護職員に便宜を図ったり、排除したりする権利を言います。皆が嫌う仕事を自分が嫌いな介護職員に対し、指示として押し付けることです。さらに嫌いな介護職員に対し、夜勤や早番など人気のないシフトを多くやらせたりと、嫌がらせをします。

つまり、「嫌な思いをしたくなければ、ここでは私の言うことを聞け！」とやるわけです。このスキームがたちの悪いのは、多くのぼんくらホーム長にとって、このような介護主任は仕事ができる職員に見えてしまうところです。自分のしなければならない仕事を代わりに全部やってくれるので、「楽でいいな、気が利《き》いているな」となるのです。

もちろんホーム長の意図として教育のためにやらせているのであればいいのですが、介護主任が自分が君臨する王国を作る目的でやっているのであれば本末転倒、まったくダメな老人ホームになってしまいます。

ホーム長が自分のホームを統治する人事権と入居者受け入れ権の2つは、自分の立場を維持するために絶対に手放してはダメな権限です。特に毎月の職員勤務表は、24時間365日にわたりホーム内を管理する必要があるため、作ることに対しスキルが求められ、慣れるまでは大変な業務になります。これを介護主任に作らせてしまうと、一気にホーム内での人事権を失うことになります。

このような事情で、老人ホーム内では、社内的な役職を持つ管理者としてのホーム長と事実上のホーム統治者としての陰のホーム長が誕生してしまいます。ホーム長は形骸化され、実権はすべて陰のホーム長が把握するというダブルスタンダードが誕生し、介護職員は実害がある介護主任の言うことしか聞かなくなっていきます。

当然ですが、このようなホームが良いホームであるわけがありません。良い悪いはともかくとして、ホーム長がしっかりと管理運営している老人ホームを探すことも重要なことなのです。ホーム見学などに行った際は、ホーム長の人となりをしっかりと観察することをお勧めします。

いじめが横行する現場の悲劇

介護主任による陰のホーム長化やホーム内の陰湿ないじめは、すべて根っこは同じです。

これらのことが介護職員の離職に繋がっているのです。重要なキーワードなので繰り返しますが、介護職員の離職は賃金が安いからでも、仕事が大変だからでもありません。辞める理由は〝割に合わない〟からであり、精神的に不愉快になるからなのです。

多くの介護現場では次のような現象が起きています。

「Aさん、来月から隣り町のZホームに異動してもらえませんか？」

「何でですか」

「Zホームは、退職者が多く、職員が不足しているようなのです」

「嫌です。もし異動ということであれば私は退職します」

「…………」

こういう光景はけっして少なくはありません。理由を簡単に説明します。介護現場では、常にどこの介護現場でも、その現場ごとの序列があります。これは企業が決めた組織の序列ではなく、老人ホームであれば老人ホームごとにある序列です。

そして新参者は、常に最下層からの出発になると決まっています。極端な話をすると、他のホームから当該ホームにホーム長として異動した場合でも、原則、周囲の扱いは最下層としての扱いになります。特に他部門からの異動組は、たとえホーム長といえども、名実とも最下層からの出発になります。その現場の事実上の支配者により新任のホーム長に対する能力評価が始まり、その結果によってホーム長の扱いが決まっていくのです。

唯一の例外として、社内にその名前が轟《とどろ》いている有名ホーム長の場合は、どのホームに異動したとしてもホーム長として尊敬されます。つまり介護現場には会社の役職とは違い、明文化されていない階層が存在するのです。

「Zホームで介護リーダーをやっていたAです。本日からYホームに異動になりました」

と言うと、多くの介護職員の心の声は次のようなものです。

「Zホームなんて入居者50人の小規模ホームじゃない。うちは100人越えの大規模ホームなのよ。リーダーだか何だか知らないけど、務まるのかしら？」

もちろん、面と向かって言われる可能性はほとんどありませんが。

そして次に待っているのは〝お手並み拝見〟という能力評価です。困難課題を相談しているふりをしながら、その業務を実際にやらせ、どんな結果が出るのかを試すのです。この行為を通して、自分たちの現場のリーダーとしてふさわしい人材かどうかを測っているのです。これらの測定から新任者が著《いちじる》しく能力が足りなかったりすると、いじめへと発展していくのです。その結果として多くのケースでは、退職をしていくことになるのです。既存ホームの職員からすると、能力のない外部侵入者を撃退したことになります。

多くの介護現場では人手不足だ、人が欲しいと言っていますが、いざ人が来ると、このような方法で虐められ、退職者が後を絶ちません。そして、この顛末を多くの介護職員は知っているし、自分たちも新参者に対してやっているので、他のホームに自分が異動することの恐怖は知っています。だから異動はしたくないし、異動した次に来る〝洗礼〟を乗り切る覚悟がないから異動するなら退職するとなるのです。

参考までに、私が駆け出しホーム長だった時の私の対策を紹介しておきます。私はもともと介護職員でしたが、その後本社に異動になり、本社で管理職に出世しました。その後、また介護現場に戻ることになり、老人ホームの施設長として第一歩を踏み出したわけです。私を迎え入れるホームの介護職員らからすると、本社側の人間が施設長としてわざわざ来るということは、「自分たちの仕事を監視するために来たに違いない」と考えていたようです。このことは後日、介護主任から聞きました。

私は〝いじめの体質〟を理解していましたので、対策を取ることができます。最初が肝心と考えた私は、出勤初日にホーム内をつぶさに見て回り、壊れて使用不能になっている洗濯機1基、古くなって効《き》きが悪いエアコン3基、突然〝水〟になってしまう入浴用の湯沸かし器1基を交換することにしました。ここからがパフォーマンスなのですが、わざと事務所に介護職員が多く集まる時間帯を見計らい、本社の担当部署に連絡をします。そこで修理や交換の依頼をするのですが、電話口に出た担当者は会社のルールを説明し始めます。要は、まず申請を上げてからうんぬんかんぬんということです。

私は、ここだというタイミングを見計らい、「あなたでは話にならない。B部長はいないのか？」と声を荒げます。B部長とは、私が本社の管理職をしていた頃から気が合い、親しくしている上司の1人でした。電話口に出たB部長にもっともらしく事情を説明すると、こちらの作戦を察《さっ》したB部長は「特別にすべての修理と交換を今、この場で手配をするから」と約束してくれました。そしてご丁寧に次の日、担当者からFAXで送られてきた修理交換の見積もりの隅に私宛に「現場のことを最優先に考えなければならない本社の社員として、現場の都合を軽視していたことをお詫びします」という文言が記載されていました。

当然、これらの事実はまたたく間にホーム内に知れ渡り、勝手に話が大きくなって伝わっていきます。「今度のホーム長は実力があるので敵に回さないほうが良い」とか「本社のB部長と1人で対峙し要望を全部ねじ込んでしまった」とか「今まで何度言っても新しくならなかったガス給湯器が最新鋭の機器に変わった」とか勝手に噂話が広がりました。お陰で私は、あっという間《ま》にホーム内で「実力施設長」の地位を確たるものにすることができたのです。

面白いもので、一度、組織を掌握してしまえば、後は勝手に皆が言うことを聞くようになるから不思議です。私の発する言葉を介護職員は聞き耳を立て、今後は何をするのか？と注視するありさまです。

つまり介護現場、老人ホームでは、既存の介護職員による「あなたのお手並み拝見」という名の能力評価と、「ここはあなたが今までいたホームとは違う」という村社会におけるお山の大将ごっこが日夜繰り返されるのです。その勝者が会社が決めた序列とは別の序列をホーム内に構築し、統治していることを忘れてはなりません。その過程の中で、実力者が「気に入らない」と評価した者は排除され、退職をしていくのです。すべてとは言いませんが、これが多くの老人ホーム、介護現場に存在する暗黙のルールなのです。

勤務ローテーションを使ったいじめの数々

介護職員のいじめの中には、無言のいじめも多くあります。その多くは、勤務シフトを活用したものになります。A介護職員が〝使い物にならない〟といったケースでは、多くの介護職員がやりたがらない「早番」を多くやらせてみたり、夜勤ばかりをあてがい、複数の業務をしなければならない日勤帯業務から外《はず》したりという塩梅です。もちろんA職員の能力向上という目的があるのであれば何も問題はないのですが、多くは「邪魔だから」というだけでそうなります。

介護職員の面白いところは、たとえ人手不足であったとしても、自分の気に入らない介護職員は使わないという風潮があるところです。したがって介護職員の人手不足は、永久になくならないのです。

さらに前記した通り、1日の業務分担でも陰湿ないじめは繰り広げられます。介護職員は、24時間にわたって多くの業務を分担して行なっています。当然、その中には「楽」な業務と「辛い」業務があります。物事を少々複雑でややこしくしているのは、介護職員に得意不得意があるため、この業務は「楽」とか「辛い」ということが一概には区分できないところです。しかしその中で、往々《おうおう》にして辛い仕事は「入浴」と「レクリエーション」であり、楽な業務は「買い物同行」、「外食」になると思います。そうすると、1日の役割分担を決める介護職員に嫌われている職員は、来る日も来る日も入浴担当になります。そして、うまく取り入っている介護職員は1日の仕事の大半を外出や外食で終われるので、遊んでいるようなものです。

老人ホームの場合、次のようなことが起きているはずです。どこの老人ホームも介護職員の高齢化に伴い、若い介護職員が不足しています。ホームを預かるリーダー的な介護職員は、この年配の高齢介護職員は一大勢力なので配慮しなければなりません。そこで入浴などの重労働は若い介護職員に振って、買い物や外食などの軽度で遊んでいるような介護業務を年配の介護職員側に多く振るようにしていきます。その結果、若い介護職員から不満が出現します。が、少数派ですから、運営にはなかなか生《い》かされません。逆に年配の介護職員に重労働などを振ろうものなら、猛烈にクレームがリーダーに入ります。

私の見てきた60歳前後の女性の介護職員の中には、勤務時間中を通して入居者と一緒に「お茶を飲む」「食事をする」「おやつを食べる」という行為しかしない人を見たことがあります。それも一人二人ではありません。夜勤などをこれらの介護職員と組もうものなら、まったく戦力にはならないと言ってもいいぐらいです。しかし、ホームはこれらの介護職員の排除はできません。なぜなら、これらの年配介護職員は一定の勢力数を保持しているからです。しかも国が定めた国家資格を持ち勤続経験も長いので、見方によっては貢献度が高い介護職員だと言えます。

さらに、これら年配の介護職員は「楽」をするべく猛烈に頭を使うので、ホーム長などを取り込んでいるケースもあります。その裏で貧乏くじを引いている真面目な介護職員が疲弊し、我慢の限界を超えると退職をしていくことになるのです。ホームに残った介護職員が楽ばかりしている人間だった場合、その中で仕事の押し付け合いをすることになり、ホームの提供する介護サービスの質は劣化していく一方です。老人ホームで働く介護職員の平均年齢や年齢構成などから老人ホームを眺めてみるのも、面白い視点でしょう。

老人ホームに潜む恐ろしい闇《やみ》とは？

多くのホームで、介護職員による入居者虐待事件が起きています。現実は報道されている件数の数十倍、数百倍の件数だと思います。介護職員による入居者虐待と、入居者（家族も含む）による介護職員への虐待の話の双方を取り上げなければならないと、私は思っています。しかし、ここでは、介護職員による入居者虐待について、その起こるメカニズムを説明していきます。

介護職員による虐待が起きる理由は大きく分けて2つあります。1つは介護保険制度のおかげで介護業界が肥大化し、なってはいけない人が介護職員になっているというケースです。

繰り返し言っていることですが、介護業界とは失業者に対する最後のセーフティーネットになっている関係で、その分、介護職員が必要になってきます。その中で一部の介護職員の中には、介護職員になってはいけない人が混じっているということです。老人ホームでの介護職員による入居者殺害事件の多くは実は、このケースではないかと私は考えています。

平たく言うと、介護職員の中にサイコパスと疑われても仕方のないような精神的な疾患を持っている人が一定数混じっているということです。もちろん、これは何も介護業界だけも問題ではなく、人手不足と言われているすべての業界に当てはまることなのかもしれません。事件が起き、その背景などをひも解いていくと「何であんな人を雇ったのか」とホームが批判されます。けれどホーム側の実情を言えば、人が足りなくて困っている中で希少な応募者に対し、その精査が緩《ゆる》くなるのは仕方がないことだと思います。ましてや、やる気があるように見えれば、なおさらです。

さらに何らかの理由で、A職員には「問題あり」との評価になったとしても、昨今の会社と社員との雇用関係を考えれば、そう簡単に解雇するわけにはいきません。むしろ多様性社会だという理由から、そのような職員でも仕事ができるように支援すべきだと言われそうです。今の日本社会の情勢を総合的に考えた場合、仕方がないということなのだと思います。

もう1つは、1つの介護現場に存在する身分制度の中では、底辺から出発しなければならない新入職介護職員の浮上策として「他の介護職員から尊敬される」という早道があります。たとえば系列の他のホームから異動してきた介護職員Bは「いつまでも入浴介助ばかりやっていられない」と考え、この身分から離脱しようと次のような行動に移ります。他の介護職員から「仕事ができる」と思われなければ、うるさい介護職員を黙らせることができません。

そこで自作自演を演じるのです。つまり夜勤時などを利用して、ターゲットを決めて自ら入居者を突き倒し転倒事故を装い、その事故の第一発見者になります。いち早く事故現場に駆けつけ、応急処置をするのです。他の介護職員から「あの時間に、よく転倒していることに気がついたな。さすがだな」と言わせるのです。介護職員の世界は実力の世界なので、他の介護職員より明らかに実力がある者は間違いなく尊敬の対象になるのです。少なくとも実力を認められた者は、日々の業務分担の中で何も言わなくても指示者の配慮が加って仕事が楽になります。

数年前に起きた老人ホーム内での転倒事故で当初、第一発見者である介護職員に対し入居者の家族が命の恩人であると感謝をしていました。ところが冷静に考えた場合、歩くことができない自分の親が「なぜ、廊下に転倒していたのか」という素朴な疑問がわき上がります。ホーム内のモニターカメラを調べたところ、第一発見者である介護職員から投げ飛ばされている様子が映っていて「びっくり」したという話がありました。今の老人ホームの運営状況を考えた場合、当然起こるべくして起きるものだと思っています。

解決策はないのでしょうか？　現在の制度では、残念ながら「ない」と思います。なぜなら介護職員だけの問題ではなく、入居者やその家族はもちろん運営法人の経営者の問題でもあり、さらには保険者である行政の問題でもあるからです。

一言で言うなら、介護保険業界とはきわめて難易度の高い「トレードオフを極めること」から逃れられない業界だからです。「トレードオフを極める」とは、何かを得ると何かを失うという利害の反する行為に対し、うまく折り合いを付けて双方が納得できるようにすることを言います。

会社は利益を増やしたいと考え、コストの大部分を占める人件費を減らそうと介護職員の数を減らします。それではよい介護ができないと言って介護職員は会社に抵抗します。入居者や利用者の要望であるという言い訳をして、逆に介護職員を増やすことを会社に迫り、場合によると、「希望が叶わないのであれば他の老人ホームに行きます」と言って会社を辞めます。このような駆け引きが日夜繰り返し行なわれ、時には入居者やその家族を味方につけた介護職員らが会社に自分の都合を一方的にねじ込むことも珍しくありません。

逆に会社側が行政指導を利用して、介護職員に対し難易度の高い業務を要求することもあります。行政の指示だから取り組まなくてはならないといって現場にやらせます。介護職員からすると現場の実情を考えた場合「そんなことまでできるわけがない」ということも多々あります。もちろん行政は、「それは会社個別の都合の中で起きている現象なので自己責任で解決を」となります。

つまり高齢者介護の仕事を営利目的の株式会社にやらせるということ自体に無理があるのだと私は考えています。さらに介護事業を「サービス」だと言って、利用者や入居者の権利しか言及してこなかった行政の責任は大きいと思っています。権利があるということは義務も当然あります。利用者に対し義務を求めることなく、権利の主張を煽《あお》ってきた責任は重いのではないでしょうか。行政はしっかりと利用者や入居者が自身の義務を果たすように指導するべきではないでしょうか。

介護職員の仕事とは、そんなに酷《ひど》いものなのか？

介護職員の給料が安すぎるという話がよくマスコミで問題になっています。私は介護職員の給料が安いとは思っていません。むしろ高いのでは？　と思っています。こう主張すると、多くの識者から「あなたは頭がおかしいのでは？」と言われそうです。では介護職員の賃金が安くはない理由を説明します。

大学を卒業して介護職員になった場合、おおむねその賃金は一般企業と同じです。もちろん有名上場企業やＩＴ企業、金融機関など、もともと他の業界業種よりも賃金が高い企業と比べれば低いでしょう。当然です。そもそも入社するまでのプロセスが違いすぎます。これらの高賃金企業は、何万人という学生の中から数十人に入社が許される狭き門です。

したがって介護職員の賃金を比較しなければならない企業は、地域の中小企業でなければ理屈が合いません。いったい介護事業者の何社が上場しているというのでしょうか？　介護業界とは中小零細企業の集団なのです。ここをまず頭に入れておいてください。

　ちなみに老人ホームの場合、首都圏に限って話をすれば、新卒の介護職員の賃金は、夜勤手当などの諸手当を含めると、月額の支給額は23万円から25万円くらいだと思います。実際は、一定時間の残業があるので、プラス2万円程度の収入増になります。さらに多くの企業は賞与も年間3カ月程度はあり、地域の中小零細企業の賃金と大幅に見劣りすることはありません。もちろん、これは正社員の話であり、多くの介護職員の場合、パートタイマーとして雇用されているケースも少なくないでしょう。その場合は、正社員よりは多少賃金は少なくなるはずです。しかしそれでも地域の零細企業の中では、一般的な水準のはずです。

　賃金が安いと主張しているマスメディアがまったく報じないのは、人事のことです。介護事業者は正確に言うと、良い人材が極端に不足しています。したがって介護職員として入社した人材でも、数年間でその仕事ぶりが認められると、他の仕事に就《つ》いてくれないかとの打診が多々あるのが普通です。

　たとえば入社3年目ぐらいから介護リーダーになってほしいとか、介護主任になって新規ホームに異動してほしいとか、本社の○○部に移動して現場を支援してほしいとか、さまざまな話が来ます。その話を承諾すれば、さらに賃金は上がります。

私が知っている多くの老人ホームの場合、ホーム長の年収はおよそ500万円程度です。しかし最近では600万円、650万円というホームも増えてきています。この数字は地域の中小零細企業の賃金水準であれば、申し分のない金額ではないでしょうか？　一流商社の課長職と比較すれば、半分にも満たない年収だという人がいると思いますが、そもそも一流商社の課長になることがどれだけ狭き門なのかを考えれば、比較の対象にすること自体がおかしな話です。

ではなぜ、賃金が安いと言われるのでしょうか？　それは発信者が情報を都合よく操作しているからに他なりません。つまり介護職員は低賃金で重労働でなければならないという人たちが一定数存在するからです。たとえば年齢は40歳、介護職員歴10年、という介護職員がいた場合、その人の年収は350万円と報道すると、「かわいそうに」「少なすぎる」となります。

しかし私の理屈では、年齢はともかくとして、どうすれば介護職員として10年間も現場に居続けることができるのだろうか？　と考えてしまいます。普通は10年間も介護現場にいること自体が難しく、多くのケースでホーム長などの役職者に就任してしまうからです。

考えられることは1つしかありません。それは現場の介護職員しかできない何らかの事情があったから、ということです。大手企業でも個人の都合で特定の仕事しかできない人などは、少し低い賃金で働くことは珍しくないので、そのパターンだと推察します。ようするに賃金を上げることは可能であったが、自分の都合でその選択肢を選ぶことができなかった介護職員であったということです。この説明や解説もなく、40歳で10年キャリアで年収350万円しかもらっていないのは安すぎると報じるのはいかがなものでしょうか？

また汚い、重労働であるということにも触れておきます。介護職員の仕事の中には、排泄などの介助があります。この仕事を汚いというのであれば、介護職員の仕事は汚い仕事だと思います。私も経験しましたが、排泄介助は意外と慣れるものです。最初こそ「できるだろうか」と不安でしたが、1週間もすれば慣れます。したがって、汚いかどうかと言えば汚いとは思いますが、それほど難易度が高いものではありません。

それでも素晴らしい介護職員は存在する

当然、介護職員の中にも素晴らしい介護職員は、たくさん存在します。どのような介護職員を素晴らしい介護職員と呼ぶのでしょうか？　私の考える素晴らしい介護職員とは、一言で言えば「言われなくても、その人がしてほしいと思っていることを理解し、やってあげることができる人」です。

しかし多くの介護現場では、このような人は「お節介な人」と言われて敬遠されます。さらに、「余計なことを言う人」「自分たちの仕事を増やす人」と言われて嫌われます。当たり前の話ですが、1つの集団の中で大多数を占める考えが主流であり、正しいこととされます。私が考える素晴らしい介護職員は当然、少数派のため、大多数から敬遠され絶滅危惧種になっています。

さらに問題を深刻にしていることは、素晴らしい介護職員であればあるほど、現状の介護保険制度の中では、職場から嫌われていくということです。理由は後にも詳しく述べますが、介護保険制度とは、「余計なことはするな、決められたことだけをすればよい」という公務員でしか通用しない考えが基本になっているからです。「入居者のことを考えて、このような親切なことをしました」と言うと、「それは余計なこと。介護保険法違反に当たる可能性があります」と言われます。

以前、通所介護事業所で次のようなことがありました。利用者が昼食代を支払うことができなかったため、それを不憫《ふびん》に思った介護職員が余っていた昼食を提供したところ、「昼食代の支払いがない利用者に昼食を提供することはいかがなものか？」という話になりました。皆が食事をしているかたわらで、その光景を見ているだけでは、本人も周囲も楽しいはずはありません。人として当たり前の親切心があっただけですが、公的保険制度の運用の中では異論を唱《とな》える人がいるのも事実です。

また次のようなこともあります。やはり通所介護利用時に、床屋さん嫌いで体も不自由な利用者に対し、「何とか床屋さんに行かせたいが良い方法はないか？」と相談された介護職員が通所利用時に床屋さんを呼んで理容をしました。家族は特に喜んで感謝したと言います。しかし、「介護保険法では、その床屋さんに要した時間を通所利用の時間から差し引き、その分の介護保険報酬は減額することになっている」と言われました。誰がどう考えても親切心から発生した行動ですが、それをやると事業所の収入は減るのです。私が管理者であれば「よくやった」と褒《ほ》めるところですが、法はそうはいきません。

私は常日頃、今の制度では営利を目的とする民間事業者が介護事業を担なうことは、そもそも無理があるのでは？　と思っています。いっそのこと全員、社会福祉法人にするか、医療と同じで介護法人のような特殊な法人を作ったほうが良いのではないでしょうか？

今の制度の下では、多くの皆さんがスムーズに同意するような素晴らしい介護職員など、生きていくことなどできません。だから、まともな介護職員はあきらめていってしまうのです。人手不足の一因が、ここにも存在しています。

第4章

それでも知りたい老人ホーム選びのポイント

～ホームに親を入れた後、後悔してしまったらどうしたらいいのか～

良い老人ホームなどない。あるのは自分に合った老人ホームだけ

私は仕事柄よく、良い老人ホームを教えてほしいと言われます。しかし、良い老人ホームというものは世の中には存在しません。世の中に存在している老人ホームがあなたに合っているか否《いな》か、だけです。

お金に糸目をつけずに出すことができるのであれば、月額100万円とか入居一時金1億円とかといったホームを選べばおおむね間違いはありません。このようなホームはある意味、良いホームなのです。しかし1億円とか100万円を支払うことができる高齢者が、この世の中にたくさんいるとは思えません。現実的な話ではない、ということです。

老人ホーム選びで一番重要なことは、自分の予算がいくらなのか？　その予算の中で、自分に合っているホームはどこなのか？　ということなのです。予算は、当人でしかわからないのでここでは多くを論じませんが、考えておく必要があるのは老人ホームなどの高齢者住宅に対して支払う定額な費用とは別に、医療費（要介護状態になればオムツ代など）や遊興費などがかかるということです。目安としては、おおむね月額5万円程度は見ておく必要があると思います。ここでは、自分に合ったホームの探し方を説明しておきます。

介護支援には流派があるということを述べました。ちなみに流儀とは個人のものであり、

流派とは組織として保持しているものです。この流派が重要なのです。老人ホームにはそのホームの流派があります。特に、良くも悪くもリーダーシップがあるホーム長が運営しているホームの場合、ホーム長の流儀はそのままホームの流派になるので、全職員が統一された介護支援を行ないます。もしあなたの流儀がホームの流派と合わなければ、居心地が良いわけがありません。

自分に合った介護流派とは何か？

自分の流派って何だろうと考える場合は、次のことを頭に入れておいてください。自分はどのような介護支援を受けたいのか？　自分の親はどのような介護支援を望んでいるのか？　という視点です。人から「かまってほしい」「1人でいたくない」という人は、介護職員がたくさん配置されているホーム、高級ホームでなければなりません。リーズナブルなホームでは介護職員の配置は少なく、そうそうかまってくれません。したがって予算がないにもかかわらず介護職員からかまってほしいという人は、残念ですが老人ホームでの生活は「難しい」と判断するべきです。そして、それでも老人ホームしか選択肢がないという人は、我慢する以外に方法論はありません。

逆に、1人で自由に生活がしたいので基本的にはかまわないでほしい、放置しておいてほしい、いざという時にだけ助けてほしいという人は、低価格帯の老人ホームをお勧めします。なまじっか予算があるからといって高級ホームに入ると、煩《わずら》わしくて仕方がありません。なぜなら介護職員は入居者とコミュニケーションを取ることが仕事なので、職員配置数が多い高級ホームは、年がら年中介護職員が入居者をかまいに来ます。

もちろん、「来ないでくれ」「かまわないでくれ」と伝えておけばそうしてくれますが、どの程度かまわないでほしいのかなど微妙な匙《さじ》加減については、現実的には期待はできません。たまたま、配慮ができる介護職員に出会ったということはあっても、ホームのすべての介護職員が素晴らしいわけではありません。したがってストレスはなくなりません。

素人《しろうと》の口コミなど参考にしてはならない

入居者や家族から「Aホームは、本当にダメなホーム。最低なホームです」という話をよく耳にします。しかしこれらの話の多くは、まったく参考になりません。理由はもうおわかりですね。自分の流儀や流派にはAホームは合わなかった、というだけのことだからです。それをあたかも「まったくダメ」という表現をしてしまうところが、素人の恐ろしさです。

どうぞ、このような話には惑《まど》わされないでください。大事なところなので何度も言いますが、老人ホームに良い悪いはありません。あるのは、あなたに合っているか、合っていないかだけです。その理由は、前記したように老人ホームには流派流儀があるからです。したがっていわゆる「口コミ」を鵜呑《うの》みにして、ホーム探しをすることは金輪際やめてください。

乱暴な言い方をすれば、料金の安いホームより高いホームのほうが良いに決まっています。ホテルだってレストランだって、高級なほうがサービスは優れているし、食事もおいしいに決まっています。

介護の質だって、お金次第なのです。忘れてはならないことは、その「お金」を支払う能力が自分にあるかどうかです。もし、ないという判断であれば、それ相応のところで我慢する、または納得するしかありません。わかりやすい例を言えば、5つ星の高級ホテルで従業員からぞんざいな言葉を使われれば、「どういう教育をここのホテルはしているのだ！」ということになりますが、低価格帯の安価なホテルの場合は「仕方がない。まあ、こんなもんだ！」との判断になるはずです。これは、負担をしている金額（価値）と提供を受けているサービス内容（価値）とが合致している、と理解しているからです。

老人ホームもまったく同じです。この料金ならこの程度のサービス、というのがあるのです。しかし多くの入居者やその家族は初めて老人ホームに入居するため他のホームとの比較ができないので、自分の価値観だけで評価してしまうのです。だから素人の評価はあてにはならない、ということなのです。

ホームページやムック本、体験入所は参考にならない

さらに気をつけてほしいのは、老人ホームのホームページや、業界ではムック本と言っていますが老人ホームや高齢者住宅の選び方と称する紹介雑誌の情報です。よく、この手の雑誌には老人ホームランキングと称するホーム一覧が掲載されています。多くの場合、老人ホームのスペックに応じて点数化され、総合得点が高いホームが良いホームという評価になっています。私のような専門家からすると、聞いたことがないホームが上位にランキングされていたり、なぜこんな評判の悪いホームが上位にランキングされているのか？と疑問が多々あります。

もちろん、老人ホーム側が出版社に対し営業戦略として多額の協賛金を支払い、一定の便宜が図られていること自体は、経済活動ですから非難するべきものではありません。つまりは、読み手の良識で判断しなければならないということになるのです。

また、各企業のホームページやパンフレットも同じです。そこに記載されていることは実態ではなく、各ホームの夢や理想が語られています。自分たちの自己評価では「できて

いる」と評価しているので、記載していると考えるのが妥当でしょう。これらのものは広告ですから良いことしか記載しないのは当たり前です。鵜呑《うの》みにするほうがどうかしていると自覚しなければなりません。

重要なことなので繰り返し記しますが、ホームとの相性は自分の流儀流派とホームの流儀流派との合致以外にはありません。ホームページやパンフレットで判断するのではなく、現地に行ってホーム長や介護職員らの言動、質問したことへの回答によって、判断することが一番重要なことなのです。

「寄り添う」を確認をして、ホームの質を垣間見《かいまみ》ること

ここで少し実例を挙げておきましょう。老人ホームのホームページやパンフレットの中で、当社では「入居者やその家族に寄り添う介護をしています」といったキーワードが多くあります。皆さんは「寄り添う」ということから、どのようなことを思い浮かべるでしょうか？

「寄り添う」という耳触りの良いキーワードを無責任に乱発しているホームもあります。したがって、もしホーム側から「当社は入居者と寄り添う」というキーワードが出てきたら、「寄り添うとは、いったいどのようなことなのか具体的に教えてほしい」と質問をし

てみてください。「寄り添う」を自認しているホームの多くは、その回答に窮《きゅう》することになるはずです。要は使い勝手が良いので使っているだけなのです。

ちなみに、私の「寄り添う」に対する回答を記しておきます。「寄り添う」とは、その字が表わすごとく、その人の隣に座って同じ方向を向いていることをいいます。同じことを考えるとか同じものを見ているとか、です。イメージだけで考えている人は、相手の話を丁寧に聞くとか、相手の要望に真摯《しんし》に対応するといった言い方をしますが、重要なことは隣に座って同じことを考えることなのです。

多くの方は、「寄り添う」ことを「向き合う」ことの意味で解釈しています。相手の言うことを丁寧に聞くことは「向き合う」ことになります。さらに向き合うということは、そこには回答なり、結論なりが存在します。または、正しい回答に導くための話し合いをするという意図もあると思います。

しかし「寄り添う」には、回答も結論も必要ありません。そこに何かがなければならないとするなら、あるのは共感だけです。何も生まないし、何も決めない。ただ隣に座って、相手の気持ちをおもんぱかるだけの行為です。これが人に寄り添うことであり、この思いを実現する介護が人に寄り添う介護だと、私は考えています。

自分は集団生活ができる人間かどうか

老人ホームでの生活が快適かどうかは、自分次第です。向いている人と向いていない人とが、存在するのです。ちなみに、老人ホームは男女ともマイルールの多い人は向いていません。何時になったらご飯を食べるとか、お茶の温度は何度でなければとか、洋服はこのようにたたまなければならない、とか。そのルールを守ることに情熱を傾けている人は老人ホームでの生活には向いていないと自覚するべきです。こう書くと、多くの読者は介護職員に頼めばよいのでは？　事前にこうしてほしいとリクエストをしておけば解決するのでは？　と言いたいと思いますが、それは机上での話です。現実的には介護職員らにこれらのことを運用してもらうことは至難の業です。理由を説明します。

まず、大前提として、入居者や家族にとって介護職員は、唯一無二の人です。しかし、介護職員にとってその入居者は、入居者100人のうちの1人です。つまり、100分の1の人になります。ここを理解しなければなりません。したがって独占欲の強い人や自分だけ特別扱いをしてほしい人なども、老人ホームでの生活には向いていません。正確に言うと、高級ホームであればリクエストに個別に対応してくれる可能性はあります。

次に自覚しなければならないことは、介護職員は全員正社員ではない、という事実です。同じ制服を着て同じように働いているので見ただけではわかりませんが、今の時代、老人ホームの職員構成は多岐にわたっています。正社員、準社員、パート、派遣などさまざまです。名札に、「私は派遣です」とは記載されていないのでわかりませんが、たまにしか来ない派遣職員に個別の些細なルールを厳守させることは不可能です。彼らに言わせれば、そこまでやらなければならないのなら仕事はしません、ということになるからです。

したがって、マイルールが強い人は、老人ホームには向きません。どうしても居住系の介護施設に入居しなければならない場合は、小規模のグループホームか多額の費用を負担して高級老人ホームに入居する以外に方法はないのです。

男性は老人ホームには向かない

男性は老人ホームでの生活には向きません。これは笑い事ではなく、かなりシビアな話です。その理由を少し解説していきます。

男性の多くは老人ホームを探す時に、その会社のブランドを必要以上に気にします。つまり、有名企業かどうか？　資本金や売上はどのくらいあるのか？　上場しているかどうか？　など、介護とはまったく関係のないことが重要なのです。

したがって男性入居者の好きなホームは、有名企業が運営している、または有名企業の子会社が運営していて資本金や売上高が多いホームです。ちなみに女性の多くは、会社の知名度や売上などはまったく無関心です。現地を訪問し、ホーム長の感じが良いといったことですぐに入居を決断してしまいます。

次に男性の場合、当然と言えば当然なのですが、長年会社で仕事をしてきた関係で、どうしても前職の立場から離れることができません。特に大手企業の上級職だった方は会社と役職にどうしてもしがみつきたいがために、老人ホームに入居後もその役職にいるような錯覚に陥ります。というか、それが心のよりどころなのだと思います。したがって礼儀作法ができていない介護職員をつかまえては、指導という名の叱責をしたりするので当然、嫌われます。介護職員の本音は、「あなた、いつ時代の話だよ。数十年前の話を今するなよ」です。85歳の男性入居者が大手企業の部長職で定年を迎えたとすれば、20年前の話になります。時代にマッチしていません。

男性でも老人ホームで快適に過ごすことができる方も、少数派ではありますが存在しています。そのような方は、過去の自分の栄光には一切しがみつきません。どちらかというと、断ち切ります。定年後から始めたギターを懸命に練習したり、油絵を描いたりと、常に新しいことにチャレンジしています。そしてわからないこと、できないことがあれば、相手が誰であろうと素直に教えを請《こ》いています。このような男性は大丈夫です。

この話を書いたのは、単に老人ホームに向いていないというだけではなく、老人ホーム内で虐《いじ》められる可能性があるからです。つまり虐待です。虐待には身体的な虐待もありますが、無視や放置という虐待もあります。そして彼らは、このような虐待のターゲットになってしまいます。

老人ホームが終の棲家とは限らない

老人ホームを「終の棲家」として考えている人が多いと思います。私の周りにいる多くの老人ホームの入居相談員も、老人ホームは「終の棲家です」と言って入居希望者に説明をしています。しかし、私はこの考えに反対です。多くのケースで、入居者にとって入居時と終末時とは、状況が大きく変わっているからです。

私が老人ホームにかかわり始めた頃は、入居希望者に対し「最後まで責任を持って当ホームで面倒を見ます」と言えば、ほとんどの入居希望者やその家族は「よろしくお願いします」と言って入居を決断してくれました。

さらに私の知っている多くの介護の専門家は、老人ホームの入居者やその家族、高齢期、特に認知症の高齢者に対し、生活環境が変わることで良いことはないので住み慣れた環境で最後まで過ごすことが一番だと説明しています。そして多くの入居者やその家族は、その説明に「なるほど」と頷いています。

はたして、本当にそうなのでしょうか？　老人ホームで、新規入居者の受け入れの仕事をしていると、慣れるまでは、「家に帰りたい」「ここは私の家ではない」と言って徘徊をしている新規入居者を目にします。さらにホーム内の申し送りでも、新規入居者のAさんは帰宅願望が強いのでしばらくの間はしっかりと見守りをしてください、と言われます。つまり、老人ホームなどを終の棲家にするということは、業界内では共通認識だということになります。

私はこの考えに反対です。極端な例を示せば、認知症で徘徊がある場合は、自宅で過ごすことは難しいと思います。しかし、その入居者が寝たきりになった場合、今の介護保険制度では自宅で対応することは可能です。一人暮らしですでに自宅を処分してしまったというような場合はいざ知らず、子供と同居が可能なケースでは、最後に自宅に戻るという選択肢はあると思います。何も子供が介護をするということではなく、訪問介護や訪問看護、在宅医などに協力をしてもらいながら最期を自宅で看取るということは可能だと考えています。そして、このパターンこそ、地域包括ケアシステムに基づく高齢者介護の方法ではないでしょうか？

今のホームでうまくやるか、転居させるか？

そもそも老人ホームへの入居は、子世代は何らかの理由で老人ホームへ入れたい、しかし親は「何で自分が老人ホームに入居しなければならないのか」と疑念を持っているパターンが多く見受けられます。子供にしてみれば1人で自宅に住まわしておくことは心配だとか、近所を徘徊して迷惑をかけているとか、中には受験を控えた子供がいるので勉強の邪魔になるから親には老人ホームに入ってもらいたい、などという理由があります。その多くは、親を子供ながらに心配する気持ちから老人ホーム入居を検討しています。しかし親の立場で言うと、余計なお節介であったり、自分を邪魔者にして、という話になりがちです。

そのような事情の中で関係者の説得や工作により、本人としては「不本意ながら老人ホームに入居する」ということになった時、当然、老人ホームでの生活に満足がいくはずがありません。多くの老人ホームでは、このような背景を持った入居者に対し、なんとか気に入ってもらおうという努力をしているのです。

私の経験では、入居後最初の1カ月間の対応が一番重要だと考えています。ホーム側もその点は心得ていて、入居当初は、個人情報が多く積み上がっていないので多くの介護職員らがかかわり、情報収集を行なうのが普通です。そして、この濃厚な接触により、入居者はホームに徐々に馴染《なじ》んでいくということになるのです。

入居をさせたはいいが、どうもこのホームは自分の親には合っていないのではないだろうか、ということがあります。その場合、私は違うホームへの転居を勧めています。もちろん、親の年齢や状態は考慮する必要があります。あまりにも高齢であったり、身体の状態が悪い場合は、今いるホームに留まるべきですが。

このように言うと、では、どのタイミングで転居をすればよいのかということをお知りになりたいと思います。私は、次のような見極めをするべきだと思っています。

まず1つは、少なくとも3カ月以上は様子を見るということです。介護の特性は、時間をかけて人間関係を作っていくことにあります。医療のように、問題点に対し治療や処置をしてすぐに解決をするという代物《しろもの》ではありません。ですから入居後、多くの介護職員は新規入居者に対しさまざまなアプローチを行ない、情報を収集し、その人となり、を判断していくのです。3カ月間は、と言った理由は、多くの老人ホームの場合、通常3カ月単位で個人のケアプランを作っているからです。3カ月程度の時間をホーム側に与えずに、「このホームはダメなホーム」というレッテルを張ることは不本意だとも考えています。

次に、ホーム内で親しい入居者がいるかどうかを検証しなければなりません。老人ホームとは社会の縮図なので、社会と同じ現象が起きています。つまり、いじめや差別が歴然とあります。当然、何らかの理由で孤立してしまう入居者も存在します。したがって、たとえ介護職員が親切にしてくれていたとしても、建物やサービスが立派であっても、他の入居者からいじめられたり差別されたりするようなことが認められれば、我慢する必要はありません。子供が転校するのと同じ理由です。他のホームに転校ではなく転ホームすることをお勧めします。

もう1つの基準は、介護職員とうまく人間関係を構築していけるかどうかです。面白いもので、介護職員の特徴でもありますが、次のような現象は珍しくありません。さまざまな理由で介護職員から嫌われている入居者がいます。その多くは暴言や暴力がある場合です。しかし、どのホームにも風変わりな介護職員はいるもので、多くの介護職員から嫌われている入居者であっても、積極的に何度でも諦めずに気にかけてくれる介護職員がいます。しかし、このような介護職員がいない場合は、他のホームへ転ホームすることをお勧めします。

もし、どうしても3カ月間は我慢できないという方の場合、転ホームの前に居室の変更をホーム側にリクエストしてみるという方法もあります。どうしても、隣の入居者とうまくいかないとか、このフロアの介護職員の中に苦手な職員がいるとか、もしかするとフロアを変更することで解決するということはあると思います。ちなみに、老人ホームの場合、同じホーム内でもフロアが違うとまったく別ホームのような流儀で介護実務を実施しているケースが散見されます。フロア移動は転ホームに近い性質があると考えるべきです。

そもそも親をホームに入れて良かったのだろうか？

多くの子供たちは、老人ホームに入れた後、本当に親を老人ホームへ入居させたことが正しい選択肢だったのかと考え、そして悩んでいます。老人ホームに親を入居させた子供らの多くは、実は入居させたことに対し、後悔をしています。これが現状です。だからというわけではありませんが、親を入居させた後、せっせと老人ホームに通う子供たちがいるのです。

さらに言うと、老人ホームに対しクレームを言ってくる子供らは、自分の決断が正しかったと思いたいので、老人ホーム側が自分の親を特別に大切にしてくれることを望んでいます。老人ホーム側が自分の親を大切にしてくれていることを確認できれば、自分の選択肢や行為が正しいと安心できるからです。私は、家族からのクレームの多くはこの感情が働いていると思っています。

自分の親を老人ホームに入れたことが良かったことなのかどうかなど、そもそも誰にもわかりません。少なくとも、その時はその選択肢しかなかったということが真実であり、その時のベストな選択肢だったということなのです。当たり前の話ですが、環境や条件が変われば、人の心、物事に対する考え方も変わります。これは誰にでもある当たり前の変化です。親が老人ホームに入居する前と後で自分の生活環境が変わった場合、老人ホームに入れたことを後悔することもあるでしょうが、それは今だから言えることです。当時の自分は間違っていたのでは？　などとは考えないことです。

それよりも、こう考えてほしいと思います。もし、気に入らないホームなら他のホームへ転ホームしよう、と。いつでも他のホームへ転ホームすることは可能です。そして、それはきわめて簡単です。しかし、多くの入居者やその家族は老人ホームを渡り歩くということに信じられないぐらい慎重であり、不可能だと思っている人もいるようです。

最後まで同じホームで生活することのウソ

多くの入居者か家族は、介護の専門家らによってウソの刷《す》り込みをされています。それは、最後まで住み慣れた地域で生活をすることが正しい、という考え方です。「地域」を「ホーム」とか「家」とかの表現に変えても同じです。

しかし、本当にこれは正しい考え方なのでしょうか？　前記の通り、老人ホームには、介護支援に対し得手不得手があります。したがって、自身の状態によって一番その状態の対応に得意なホームに入居をするべきであり、もし状態が変われればホームを転ホームすることは当たり前の話なのです。

私は、どのような人間でも環境変化に対する順応性はあると信じています。たとえ認知症であっても環境変化に対する順応力はある、と思っています。しかし多くの認知症介護の専門家は「認知症高齢者には環境変化は悪だ」と言います。老人ホームで多くの認知症高齢者を見てきた私からすると環境変化に対し認知症高齢者が大変だということではなく、環境変化の中でその環境を受け入れるまでの間、周囲の支援者が大変だという理由で、認知症高齢者の環境変化はＮＧであると言っているような気がしてなりません。

たしかに、いつもと同じ行動、いつもと同じ景色の中で穏やかに生きてきた認知症高齢者にとって、生活環境が変わることを受け入れることは時間はかかります。逆に言えば、時間をかければ受け入れることは可能であるということです。

認知症も医学的な視点で考えれば複数の原因と特徴があるので、すべての認知症高齢者に通じるものではないと思いますが、過度に環境変化を拒絶することは、老人ホーム側の術中、つまり、入居者した以上少しでも長く入居してもらい利用料を払いつづけてもらいたいという作戦にまんまとはまっている、ということだと思っています。

終　章

メメント・モリ――

自分が、親が、死ぬということを
本気で考えると、
しっかり生きなければならない、
もっとしっかり親と向き合わなければ
ならない、と思うはず。

～これからの介護はどうあるべきなのか～

あらためて介護保険制度を考える

私は長年、介護保険報酬の恩恵の中で生活をしてきました。介護保険制度の恩恵で食べてきた立場の者です。しかし最近、本当に介護保険制度は必要なのか？ と考えています。介護保険制度は、医療保険制度に徐々に似てきています。どこがかというと、成果や結果に対して介護保険報酬を支払うという考え方が似てきているのです。

そんなこと当たり前じゃないか！ と言う方は多いと思いますが、私は大きな違和感を持っています。医療の本質はケガや病気を治すことです。病気の人を1日でも早く治し、社会に戻すことが医療の役割だと思います。苦しんでいる人の苦痛を和《やわ》らげることも重要ですが、なにより治すこと、できる限り元の状態に戻してあげることが医療の役割です。

したがって医療機関が受け取る医療報酬は、その成果を重要視した上で治療のプロセスに対し報酬を支払うことは当然であり、逆にいくら処置や治療をしても治らないというような場合は治療方法を修正しなければならないはずです。当然、それは医療報酬の修正にも繋がります。平たく言えば、怪我や病気を治せない医療は治せる方法を常に考えて、常に治せるように進化していくことが求められているということです。そのために日夜、医療関係者は努力をしているのだと思います。

しかし、介護は医療とは違います。まったくの別物です。180度違うと言っても過言ではありません。一般的に、多くの人は医療と介護を近しい関係で見ています。たとえば書籍をとっても一目瞭然です。書店に行くと、介護関係の書籍は医療関係の書籍と同じカテゴリーか、その近くの棚にあります。「医療と介護は近い領域である」と認識しているからです。これが一般的な社会の評価なのだと思います。

しかし私は、医療と介護は真逆《まぎゃく》であると思っています。医療の場合、病院に入院する多くの患者は当然、退院日をあらかじめ決めて入院するのが普通です。多くの患者やその家族は、担当医に対し「先生、いつ頃、退院することができますか？」「入院はどのくらいの期間になりますか？」と必ず確認するはずです。それは、どのくらいの期間で病気や怪我が治るのかの見込みを立てて次の準備をしなければならないからです。そこには、費用面を把握したいという気持ちもあると思います。

極論を言うと、A病院では1カ月間の入院が必要だと言われ、B病院では3週間で退院ができると言われた場合、多くの患者はB病院に入院したいと考えるのではないでしょうか。ちなみに最近では、短い期間で治せる医療機関は能力が高いという評価なので、当然その分、受け取る医療報酬も多いという合理的な考え方が医療業界には存在しています。時間で稼ぐのではなく成果で稼ぐ、ということです。

しかし老人ホームに入居する多くの高齢者やその家族は、入居する前にどのくらいで退院、つまり自宅に戻って来られるのかとは考えません。当然、死ぬまで老人ホームに入居しているものと考えています。「退院」という発想はないのです。もっと言うと「治す」という概念もありません。しかし、最近の介護保険報酬の内容を見ていると「改善」とか「効果測定」とか「在宅復帰」とかの医療機関のようなキーワードが躍っています。

私なりの解釈で国の気持ちを代弁するなら、たとえ要介護状態の高齢者といえども多額の税金を使って生かしているのだから、誠意を示せ、1ミリでも良いから改善した成果を見せてほしい、そうしないと税金を使う根拠が見つからない、ということだと考えます。さらにはこういうことでもあるでしょう。介護保険報酬とは介護保険事業者に対し支払われる報酬なので、事業者に対し、あなたが提供する介護保険サービスを受けた高齢者がどのように改善をしたのかを報告しなさい。その報告に対し介護保険報酬を払います。逆に言うと、サービスを利用しても改善がない場合は、サービスの仕方に問題があると評価し、報酬は支払いたくありません、ということでしょうか。

つまり今の介護保険報酬の立て付けは、医療業界の常識を基《もと》に組み立てられているということなのです。

しかし、ここで考えなければならないのは、高齢者介護はそもそも「成果」や「結果」

を求めなければならないものなのか？　ということです。かつての高齢者介護業界でよく言われていたことを思い出してください。多くの介護業界の指導者は介護職員に対し、「本人の〝あるがまま〟を受け入れなさい。これが高齢者介護には重要である」と言っていました。「歩けない人を歩けるようにする」とか、「食べられない人を食べられるようにする」というのは、本来、医療の役割です。

しかし現実的には、医療のリハビリと介護のリハビリとが並走しています。そして、どちらもさほど違いはありません。違いがないというのは、どちらも同じ資格を有するセラピストが主に担当しているということです。単に医療保険で報酬を請求できるものは医療保険で、そうでない場合は介護保険での請求で、という区分をしているだけなのです。

巷《ちまた》によくある話として、高齢者が転んで怪我をした場合、病院に入院している間は病院内にあるリハビリ施設で医療保険のリハビリを受けます。病院を退院した後は介護認定を受けた後、自宅からリハビリをやっている介護施設（通所リハビリテーション等）に通い、介護保険のリハビリを受けます。

しかし、ここで考えなければならないのは、要介護の高齢者はどこまで治さなければならないのかということです。もちろん、治すことができれば本人はもとより家族も楽になります。自分のことを自分で何でもやれる高齢者は、当然、幸せですし、家族にとってもハッピーです。

けれども90歳の高齢者が怪我をして歩けなくなった場合、過酷な訓練をしてまで、歩けるようにならないとダメなのでしょうか？　という問いに対し、どう答えたらいいのでしょうか。

高齢の入居者の中には、「癌《がん》」を患《わずら》っている人がいます。しかし、見た目はまったく普通で、生活を妨《さまた》げるような自覚症状もありません。ホーム内で定期的に実施される入居者カンファレンスでは、そのような入居者に対し本人、ご家族、そして主治医の総意として「治療はせず、放置する」ケースが少なくありません。この考え方には高齢者の癌は進行が遅いとか、高齢者の場合、オペなど激しい処置には生命の危険が伴うとかということもあるのでしょうが、なにより「いずれにしても、もう、そう長くは生きない」という入居者の終了時間を考えた上での合理的な判断があるのだと思います。

言いたいことは、高齢者はいつまでも元気でいなければならないのか？　元気でなければ価値がないのか？　ということです。なぜ、寝たきりではいけないのか？　ということです。当たり前のことですが本人に強い意思があり、元のように「歩けるようになりたい」と切望している場合は、それを邪魔する権利は誰にもありません。

私が疑問に感じていることは、90歳を過ぎて、そして本人が「もう十分だ」と考えているにもかかわらず、鞭打《むち》ってリハビリの訓練を強制することが正しいことなのか？　ということです。

この行為を正しいこと、と考えている人の多くは、「本人のため」「本人の生活の質の向上、つまり、クオリティ・オブ・ライフが重要だ」との耳触りの良い言葉を使いますが、私の耳には家族や介護者の都合のような気がしてなりません。つまり家族としては、寝たきりになられたら面倒だという気持ちであり、介護者からすると自分の介護支援に対する達成感がほしいからです。

私が経験した話を少し記しておきます。私は介護事業所の運営支援のために、ある医療機関にコンサルタントとしてかかわっていました。事業は順調に伸び、病院経営にも貢献できるようになった矢先、院長が脳梗塞で倒れてしまいました。運よく、勤務時間中だったということもあり、当然、周囲に医療従事者が大勢いて一命をとりとめることができました。しかし、後遺症がどうしても残ってしまいました。元来、病院経営者として並外れた闘争心の持ち主だった院長は、必ず医師として患者の元に戻るという強い意思の下《もと》に、近所でも評判のリハビリテーション専門の病院に入院することになりました。

その時の詳細を院長の身内の方から聞きました。その病院に入院するには複数の個人面談があり、本人のやる気次第では入院治療が認められない、と言います。しかも、その個人面談は、かなりの圧迫面談です。医療関係者の話を総合すると、リハビリで一番効果があることは本人の治りたいという意思であり、医療従事者からの施術や処置はそれほど重要ではない、と。

本人が何が何でも治したいとの強い気持ちがあるかどうかが、リハビリの成果に直接繋がると言われています。したがって複数回の個人面談の目的もこの意思を確認するためのものであり、その気持ちが強い人は回復する可能性も高いので入院が認められる、という手はずなのです。

その裏には、全入院患者のうち改善した患者は何%という数値があり、その数値によって病院の質が決まってくる、つまり受け取る医療報酬が変わってくるという医療業界の都合があることは言うまでもありません。

進学塾によくある全生徒のうち何%が東大に合格したというのと同じで、どのくらいの確率で歩けるようになった、しゃべれるようになったということが今の病院経営にも重要だということです。

医療機関同士のこのような競争は、なんら否定されるべきものではありません。治りたい人は、治せるノウハウを保有する病院、つまりは実績のある病院にかかりたいのは当たり前の話です。そしてますます、治すための治験を積み上げ、多くの患者を元の身体にしていくことが医療機関の使命だと考えます。

しかし、この理屈をそのまま介護に持ち込むことは正しいことなのでしょうか？　私は、要介護高齢者を自立の高齢者に修正していくことが介護保険の本質だというのであれば、介護保険制度などいらないと考えています。思い切って医療保険と一緒にしてしまい、医療機関に要介護者を入院させて、そこでどんどん治していけばよいと思います。

先祖返りする介護保険制度

要は、介護保険制度開始前の状態に戻せばよいだけなのです。2000年前までは、介護保険制度はありませんでした。高齢者介護の大部分は、家族、そして病院が担っていたのです。自宅で生活がままならなくなった要介護状態の高齢者に対し、治療の目的で病院に入院させ、死ぬまで病院で面倒を見る、ということが一般的でした。読者の皆さんも、聞いたことはあると思いますが、当時は「老人病院」という言葉が一般的だったと思います。

「おまえのおばあちゃん最近見ないな」

「呆《ぼ》けたから、郊外にある老人病院に入っているんだ」

なんて会話が、私の子供の頃は周囲にたくさん聞かれました。

さらに社会的入院というキーワードも思い出されます。つまり、病院が要介護高齢者の終の棲家だったのです。だから、人は病院で生まれ病院で死ぬ、と言われたのではないでしょうか。特別養護老人ホームの存在は当時からありましたが、どちらかと言うと、福祉的な観点、つまり経済的に恵まれていない人や何らかの事情で入所が必要な要介護高齢者に対し、行政主導で入所させる施設だったように記憶しています。

それが、2000年の介護保険制度の導入を機《き》に、医療と介護は別であるという整理をしました。平たく言うと、常時医師の管理下にいなければならない重篤《じゅうとく》な高齢者以外は介護施設に移動するように、ということになったのです。もちろん、自宅に戻る、でもかまいません。

要は病院からいなくなってくれればよい、ということなのです。理由は多々あるでしょうが、病院や医師の数をこれ以上増やすことなく、医療処置の必要な患者を効率的に治療していくには、医療依存度の低い高齢者、誤解を恐れずに言うなら医療を行なっても長く生きない高齢者を病院から追い出すことが、一番の早道であると考えたのでは？　と私は思っています。乱暴な言い方をすれば、医療費の削減、または医療費の有効利用のため、ということです。

そのような事情の中で介護保険制度が生まれたので、当然、当初の介護保険制度には「治す」というキーワードはなかったと記憶しています。私も先輩介護職員から、前にも述べた「要介護高齢者の〝あるがまま〟を受け入れて対応しなさい」とか「要介護高齢者に寄り添いなさい」というキーワードで教育を受けた、と記憶しています。

さらに「改善」や「効果」ではなく相手の気持ちを考え、快適な生活ができるように支援していくことが重要だ、とも教わりました。入居者の安心と安全を第一に考える介護をしなさいと教わったのです。入居者の安心とはいったい何か？　を深く考えると次の一言で完結します。それは、「あなたは私のことをわかってくれている」と入居者に実感させるような言動を実践することです。人は、自分のことを理解してくれる人がいると安心します。自分の気持ちを理解し、時には代弁してくれるような人たちがいる環境が、安心した環境なのだと認識します。

介護職員だった頃は、よく認知症高齢者が騒いで落ち着かないのは「不安だからだ」と言われ、あなたの言動が不安にしているのだという指摘を受け、先輩介護職員から叱られたものです。だから、私たち介護職員は、「入居者の気持ちに立って考え、行動しなさい」と教育されたのです。けっして、歩けない人を歩けるようにしなさい、とは言われませんでした。

少し話がそれますが、介護の医療化、つまり、成果や実績を要介護高齢者に求めるという考え方が人の価値をある意味、明確化しているような気がします。Aさん、Bさんの治療に共に500万円かかるとします。いずれも国の負担額です。Aさんは、あと30年仕事ができ、30年間納税をしてくれそうです。しかし、Bさんは高齢者で、あと数年しか生きてることができないかもしれません。はたして、Bさんに対し500万円をかける価値があるのか？　という考え方です。

私の知る限り、医療の場合、現場の医師がBさんは価値がない、したがって治療は無駄である、とは考えないと思います。しかし財務行政を担っている人たちは、こう考えても不思議ではありません。そして、彼らの意思表示はそのまま国家運営に一定の影響を与えるはずです。

介護と医療はまったく違います。だから介護制度と医療制度を包括的に考えることには、慎重であるべきなのです。これが私の持論です。

少なくとも、先の戦争で国が具体的に迷惑をかけた高齢者層の国民は近い将来いなくなります。その後の高齢者に対し、国が今のような手厚い配慮をし続けるでしょうか？　介護制度の医療化は、要介護高齢者に対し、改善が見込めない者は切り捨てるということのような気がしてなりません。

介護職員の気持ちを無視した保険制度

昨今、介護職員が足りないと多くの企業、行政、政治家らが騒いでいますが、その理由は明白です。一言で片付けてしまえば、介護職員の気持ちを一切考えない介護保険制度になってしまったから、ということです。

介護には流派や流儀があるということを何度も繰り返し言ってきましたが、この流儀や流派に対する理解不足は深刻な問題です。さらに医療のような成果報酬型の介護保険制度へ移行しているため、介護職員として底辺を支えてきた家庭の主婦層が対応不能になっていることも原因の1つだと思います。「そんな難しい仕事なら私にはできません」と介護業界からいなくなっていったのです。

金を取るのであればプロになるのは当たり前では？　との考え方は当然と言えば当然ですが、たとえ素人であってもこの仕組みを使えば仕事ができる、という楽な考え方も世の中にはあります。メルカリは、誰でも小売り業者になれるし、GoogleのYouTubeは誰でも放送局になれる仕組みです。本業として多くの報酬を稼いでいる人もけっして少なくないと言います。

医療の場合は、地道な業界人の活動の中で、人材を育てるということに一定の成果を上げています。医学部や看護学部などをはじめとする教育機関が整備され、特に看護学校については、数多くの医療機関が自ら設立し教育した看護師を自らの病院に就業させる仕組みを長年実践してきました。授業料などを無料にする代わりに、数年間は病院で看護師の仕事をしなければならない仕組みを「お礼奉公」と言って非難されることもありましたが、看護師を養成することに対し、医療機関は真剣に取り組んできたことは事実です。

しかし、介護業界でこのような取り組みをしているところはごく少数派の企業だけです。介護のプロを養成している教育機関は医療に比べるときわめて少ないということなのです。介護のプロが育つ土壌がないにもかかわらず、介護保険制度は医療保険制度を習ってプロを求めたがゆえに自己矛盾が起こり、結果、介護職員のなり手がいなくなったという構図です。

ちなみに現在、国は外国人による技能実習生を積極的に取り組んでいますが、私はナンセンスだと思っています。

たとえ介護職員としての技能を身につけたとしても、本国では介護技能で仕事をする市場がないからです。本来の筋道から言えば、介護保険制度とセットで技能実習生を受け入れるべきなのです。さらに日本国内に目を向けると、制度改正を繰り返す過程で医療的な知識や技能が求められてきたので、医療従事者からの転職組が増えていくことが予想されます。そもそも施設系の介護事業においては介護職員数を減らしていく流れなので、職員数自体が充足してしまう可能性が強くなります。特に医療従事者、中でも看護師や理学療法士などのセラピストなどが、介護業界が医療に近づくにしたがい、医療業界から介護業界へ移動してくる傾向が強くなっていくと思います。

介護職員がやる気を取り戻すには

介護職員がやる気を取り戻すためには、彼らの領域の中で仕事に専念させることが重要であり、その仕事とは「生活自体を支える仕事」、まさに日常生活全般に対する支援業務だと思います。日常生活の支援なので、そこには成果も糞もありません。あるのは「笑い」や「涙」、「怒鳴り声」などの喜怒哀楽です。この喜怒哀楽に対し介護報酬を与えるべきなのですが、なかなか実務的には難しいのかもしれません。

私が介護職員だった頃、こんな話がありました。長年、大病院で看護師として勤務してきた人に入居者の記録を見せたところ、次のように言われました。「笑顔があったとか楽しそうだったとか、それはあなたの主観だ。記録には必要のない情報だ。記録は必ず数値を書くこと。バイタルサイン、体温、そして症状を。下痢であれば、便の色は何色なのか。どのような下痢なのか？　何回出たのか？　当然、服薬している薬によっては、下痢になることもあるから、そのあたりの情報も必ず記載しなければならない」と。たしかにその通りです。医療の世界であれば、ということだと思います。

しかし介護の世界では、バイタルサインよりも、楽しそうだとか悲しそうだとか、寂しそうだとか、ということのほうが数倍重要な情報になるのです。なぜ悲しいのか？　なぜ楽しいのか？　を個別に追求していくことにより、高齢者一人一人がその人らしく生活をしていくことができていく。このあくなき探求心が、介護職員のモチベーションが上がる要因なのです。

私は、今の介護職員は不幸だと思っています。コンプライアンスと称して、禁止事項が多く、常に書類の整備と成果の記録が求められます。

医療系のテレビドラマのワンシーンでよく、問診で必要な情報をＰＣに打ち込む姿を見て、患者からなぜ先生は私を見ないでＰＣばかり見て診療ができるのですか？　と言われるシーンがあります。

都内の有名大学病院の理念には、「病気を診《み》ずして病人を見よ」というものがあります。少なくとも介護の場合、まさに要介護高齢者とその家族のことを見なければならず、特段、何の役にも立たないけれども「あなたがいるとホッとする」というような、空気や水のような介護職員に対し、評価し、報酬を支払わなければならないはずです。

しかし、このような第三者から評価を受けることが難しいモノは、評価の対象にはなりえません。介護保険報酬として公金を支払うことには、そもそも向いていないということなのではないでしょうか。もしそうだというならいっそのこと、介護保険制度などやめてしまったほうが良いと思います。そして、違う方法で要介護高齢者に対する介護を考えていくべきだ、と私は考えます。

生かす医療から殺す医療へ——安楽死という選択

安楽死について少し考えてみましょう。

私は、安楽死には原則反対です。まだまだ国民の中で、「死」に対する運用が成熟しきれていないと考えているからです。平たく言うと、人が本来の病気に起因した原因以外の理由で死んでいく時にそれを受け止めることは、多くの国民には難しいと思っています。国民の中でこの死生観が成熟してくれれば、賛成の立場に回るかもしれません。

したがって、どうしても安楽死を選択したいと考えている方は、失踪《しっそう》して富士の樹海《じゅかい》などで自殺をするという古典的な方法で対応するべきだと思っています。

ちなみに現在、緩和ケア、ホスピス等で運用されている「鎮静」という治療がありますが、これは安楽死ではありません。「鎮静」はその名の通り、病気などが原因で、猛烈に痛い、苦しい状態から離脱する目的で、投薬により意識レベルをコントロールする治療法です。当然そのまま意識不明になり、結果、死に至るケースもあると思います。よく「今ならまだ話ができますから、親しい人を呼んであげてください」と医療従事者が言っているケースがありますが、この「鎮静」を施術すると、寝ているだけになります。

ここで私が言う安楽死とは、自らの意思で自らの命を絶つという自殺行為を家族らの見守る中で行なう、ということです。つまり、自殺の手助けをする行為も含めての安楽死です。

その上で、安楽死について話を進めていきます。自分の命は誰のものか？　という問いに、あなたはどう答えますか？　多くの方は、自分の命は自分のものだろう、と回答すると思います。それでは次にこう質問します。もし、あなたが死んでしまった場合、悲しむ人や不幸になる人はいますか？　「います」と回答した人にさらにお聞きします。その場合、その悲しみはどの程度のものなのか推察できていますか？　どうでしょうか。親が存命の方は親が悲しむはずです。神様が決めた順番が違うからです。子供がまだ学生のような場合、子供が悲しむからというよりは、子供の将来が心配なので、まだまだ死ねないと考えるのではないでしょうか？

つまり、悲しむ人や不幸になる人が存在する人の命は「自分だけのもの」とは言い切れないものだと私は思います。要は、自分のためではなく、これらの人のために、生きなければならない、ということだと思います。

あるオリンピック選手が話していた話です。自分のためだけなら、あんなに辛い練習にはとても耐えられない。でも、周囲にいる大勢の人が自分を応援し自分を信じ、援助をしてくれている。途中で投げ出すわけにはいかない。頑張るしかない。だから結果として頑張れました、だからメダルが取れました、と。

まさに、そうだと思います。自分のためだけなら「もういいや」となってしまうケースでも、自分以外の人のためにそうは言っていられないという気持ちに、人はなるものなのです。

仮に自分にはすでに親はなく、配偶者や子供もいないから誰も悲しまないし不幸になる人もいない、と言われる方であったとしても、社会生活をしている以上、誰かとかかわりがあるはずです。あなたが死んで本当に悲しむ人、不幸になる人はいないのでしょうか？

もし本当に「いない」という人の場合は、逆に私はこう質問します。どこで安楽死をしたいのですか？　自宅では少し無理があります。天涯孤独な人が安楽死を自宅でした場合、数カ月も発見が遅れ、周囲に多大な迷惑がかかります。病院ですか？　もし、病院だとすると、誰に看取ってもらいたいですか？　悲しむ人や不幸になる人がいないケースでは、病院関係者が最期を看取るしかないと思いますが、まだ生きていることが可能な方の命を今すぐ絶《た》つという行為に医療関係者が協力してくれるとは思えません。もし不治の病で数カ月先には命がなくなるというケースだったとしても、多くの医療関係者は、何も急がなくてもいいではないか？　数カ月後には希望通り死ねるのだから、ということになると思います。

こう考えていくと、次のことに気づかされます。安楽死をしようと身寄りのいない人が病院で取り組むことはきわめて難しいことだ、と。もし法が許すとするなら、仲の良い家族の中で、あなたの考え方に本当に家族が理解を示し、それがあなたの幸福であるということに行き着いたケースだけではないでしょうか？　天涯孤独で周囲に誰もいない人、または家族との関係性がぎくしゃくしている人ほど、安楽死は難しいことだということがわかります。

高齢者の多くが認知症になる理由について、医学的な見地ではなく、介護的な発想で申し上げておきたいことがあります。

それは、高齢者が認知症になるのは、親の死に対し、家族の悲しみを和《やわ》らげていくものではないかということです。大切な家族の死は家族にとっては辛いもの、しかし数年にわたり認知症の親を介護し、迷惑を被《こうむ》ってきた家族の場合、親の死は悲しいものではありますが、それ以上にやっと解放されたとか、これで自分の生活を取り戻せるとか、という気持ちにもなるはずです。認知症は、子供に対する親の「思いやり」なのかもしれません。私は老人ホームの介護職員だった頃、認知症の高齢者ばかりでしたが彼らを見るにつけ、このようなことを考えていたことを思い出します。

低所得者のための就労型老人ホーム建設を

就労型の老人ホーム。これは、私が何年も前から提唱しているスキームです。その前に、代表的な失敗例を記しておきます。

就労型というと、多くの方は2つの目的を思い浮かべるはずです。1つは、経済的な提供、もう1つは、生きがい、やりがいの提供です。代表的な失敗例は、後者の場合です。「高齢者だって、やりがい、生きがいが必要だ」と言って老人ホーム内に畑を作ったり、簡単な作業の注文を取ってきて入居者に取り組ませるケースがあります。実は私も以前はこのような考え方を持ち、この取り組みをしたことがありました。しかし結果はというと、散々でした。

ホーム内に畑を作り、農家を講師に招いて「きゅうりやナスを作りましょう。そして、収穫したら、みんなで食べましょうよ」とやったわけです。われながら素晴らしいアイデアだと自画自賛していたところ、ある入居者からこう言われました。「野良仕事は子供の頃、散々したよ。この歳になってまで、泥だらけになり野良仕事などしたくないよ。キュウリやナスが欲しければ買ってくればいいじゃないか。私がお金を払うから」と。そんなことはやりたくないという話でした。さらに追い打ちをかけたのは、ホームの給食事業者です。ホームで使う食材は、本社が決めた指定の業者から仕入れる決まりです。食中毒などが万一発生した場合のリスクマネジメントなので、ホームの農園でとれた野菜を厨房の中に入れないでほしいと。両方とも、言われてみればもっともな話です。私の計画は早々に頓挫《とんざ》してしまいました。

就労型の老人ホームというアイデアは、生きがいとかやりがいがテーマの場合、きわめて難しいということがわかりました。経済的なテーマであれば広がっていくのではないか、と考えています。

たとえば、入居すると仕事がもれなくついてくるため収入を得ることができますといったホームであれば、私なら入居したいと思います。その理由は、老後の経済事情が盤石ではないからです。毎月20万円の必要料金がかかる老人ホームの場合、ホームに入居して8万円の賃金を得ることができるとするなら、12万円の負担で済みます。

このスキームで問題なのは、「仕事ができなくなったら収入を得ることができず、困るのでは?」ということです。当然、その時には他のホームなどに転居しなければならなくなりますが、その場合、次のニーズをしっかりフォローすることができれば問題はありません。

つまり、就労型の老人ホームの場合、基本的には自立の高齢者が入居するはずですが、もし、自分が要介護状態になった場合、仕事ができなくなり、収入の道が途絶えた時のことを今のうちから知っておき、準備をしておきたい、というニーズに支えられているのです。したがって、ホーム内に生活相談員を配置し、日頃から自分が要介護状態になった場合の備え、自分が大病をした時の備え、自分が死んだ後の備えなどをしっかりと学習できる環境を持つことが重要になるのです。

人は、未知のことには大きな不安を感じます。しかし、理解していること、経験済のことに対しては、比較的落ち着いて受け止めることができます。災害時の避難訓練と同じです。自分の老後の行方《ゆくえ》に対し、学習をして備えていくことが何事にも重要なことなのです。

「医療と介護」から「宗教と介護」の連携へ

現代社会では、医療と介護の連携が大流行《おおはや》りです。多くの医療機関が、医療の後工程にある介護に注目し、介護事業に取り組んでいます。経済的な視点で考えた場合、医療で獲得した高齢者の患者に病気治癒後も引き続きかかわり要介護状態になった場合、利用者としてかかわることで元は病院の患者だった方を今度は介護事業で囲い込んでいく、ということだと思います。

最近では、この逆のパターンも多くなってきています。老人ホームなどで高齢者を囲い込み、その高齢者の具合が悪くなった場合、系列の病院の患者にしていくケースです。

どちらのケースも経済的な観点から見れば、非常に合理的、非常に経済的な考え方なのですが、私には何となく味気ない気がしています。医療と介護とは、まったく違う別モノだからです。「医療は病院で、介護は専門の介護施設で」ということが重要なのです。

介護施設や老人ホームにとって、本当に必要な連携先は医療機関ではなく、宗教施設なのではないかと私は考えています。老人ホームの入居者にとって医療は一見、最重要な連携相手だと思いますが、実際は多くの医療機関は無条件で入居者や家族のリクエストには応《こた》えてくれません。

入居者が健康不安を感じて医療機関を受診したとしても、医学的な処置をする必要性が認められなければ、早々に施設に帰されます。医療機関側の正義では、治療の必要がない人を相手にしていては、限られた資源の中では治療の必要のある人を相手にすることができなくなるからです。

逆に、入居者が本当に具合が悪い場合は救急車を呼べば近くの医療機関に搬送し、必要な治療を受けることが可能です。しかもこの治療は、当たり前の話ですが、当該医療機関と連携しているかどうかは問題ではありません。もちろん、入居者のかかりつけ医療機関かどうかは救急搬送時のポイントになりますが、ホームと医療機関の連携云々《うんぬん》ということは大きな問題ではありません。

要は老人ホームは、医療機関と連携していなくとも入居者自身に主治医がいればよいのであり、万一、入居者の具合が悪くなれば救急車を呼んで病院に行くことも可能なので、入居者にとって医療機関との連携で大きく生活の質を上げるということになりません。あくまでも、老人ホーム側の都合や医療機関側の都合であり、行政による指導で連携の必要性を問われているからということになるだけです。

ちなみに、老人ホームが協力医療機関として医療機関と契約をしている場合、入居者に対するメリットとは何かと言えば、連携先医療機関が全入居者の主治医になっている場合が多いので介護職員が夜間などの場合、どの医療機関に連絡をすればよいかを考えずに連絡を取ることができることにあります。また、夜間などでも必ず医師が対応するという取り決めがあって、安心や便利さはあると思います。しかし、それだけです。

それよりも私は、老人ホームは宗教施設との連携に力を入れるべきだと考えています。どのような宗教施設でも基本的にはかまいません。仏教はもとより、キリスト教でも神道でもイスラム教でも何でもよい、と思います。ただし、この手の情報は、ホームに入居する動機に大きな影響を与えるものなので、ホーム側は入居希望者に対し入居前に明らかにしておく必要があります。これは、私立学校と同じ考え方でよいのではないでしょうか。ホーム名に宗教上わかりやすい単語を使うとか、パンフレットの目立つところに、「○○寺院、○○教の思想や考え方を実践しているホームである」ということを明記するということです。

お寺との連携について考えてみましょう。通常、僧侶は人が死んでから登場します。つまり葬式で読経《どきょう》を上げるのが僧侶の仕事です。しかし、本当に僧侶は人が死んでから登場するということでよいのでしょうか？　私の認識で申し上げると、本来、僧侶は人が生きている時からその人の人生に深くかかわっているべきではないでしょうか。

もともと寺院の住職は、人生の先生、地域の相談役として、その地域に大きな信頼や影響力を持っていたはずです。だから寺院は、その集落のシンボルとして小高い丘や山の上に多く存したのではないでしょうか。その証拠に、多くの寺院の名称には今でも「○○山」という名称が使われています。だからこそ多くの日本人に、お寺にお参りに行く習慣があり、死んだ後はお寺の墓に入るということが慣習になっているのだと思います。

宗教をタブー視しない老人ホームがあれば

宗教と聞くと日本人の多くは嫌悪感を示します。これは生命保険と同じです。しかし、生命保険もそうですが、宗教も人の生活に対し、きわめて重要な役割を担うものだと私は思っています。一部の悪質な宗教団体があるために、十把一《じっぱひと》からげで多くの宗教が胡散《うさん》臭いものとして理解されていることが残念でなりません。

なぜ私が、老人ホームは医療機関と連携をするよりも寺院などの宗教施設との連携に力を入れるべきだと考えるかといえば、老人ホームの入居者は、近い将来、死んでいく人たちだからです。このような言い方をすると、何を不謹慎な！　と違和感を覚える人も多いと思います。しかし、高齢者介護は建前論だけで話をすることは間違っています。これからの高齢者介護は、本音や現実的な観点で話をしなければなりません。

現在の老人ホームでは、けっして多数派とは言いませんが、入居者が亡くなった場合、通夜式や葬儀、お別れの会などをホーム内で実施しています。さらに多くの入居者は、自分の残り時間が少ないことを自覚し、その事実を受け入れています。したがって、浅はかな配慮はやめて本音で高齢者介護と対峙することが、関係者全員にとって重要なことなのです。

私は介護職員としての経験から、高齢者に対しては彼らの持ち時間についての話を積極的に行なうことを心掛けています。よって、もし事情のわからない人が私と高齢者との話を聞いていた場合「この人は、なんて失礼な人なのだろう。お年寄りに対し〝あなたに来年は来ない〟なんて酷《ひど》いことを言って」と思われると思います。

しかし私の経験では、多くの高齢者は「自分に来年は来ない」ということに対し、嫌悪感を持ってはいません。逆に、だからこそ、今、自分は何をするべきなのか？　という前向きな気持ちになっているはずです。さらに言うと、この前向きな気持ちがなくなったら、そろそろ人生に幕を下ろす時間が近づいてきた、という理解なのだと思います。

よく死ぬことは、よく生きること

死ぬことを真剣に考えると、もっと真剣に生きていかなければならないと人は考えます。実に興味深い心理です。私も最近、自分の死について考えることが多くなりました。しかし、不思議とその結論はいつも、「残り少ない時間を無駄には使えない。もう、この時間は戻ってこない。だから、時間は無駄にしてはいけないのだ」ということになります。しかしそう思いながら、その傍《かたわ》らではだらだらと時間を無駄に使っている自分がいるので、いつも自己嫌悪にさいなまれています。

以前、入居者の死について私が老人ホーム内で取り組んだ話を少しさせていただきます。老人ホームでは、毎月数名の入居者が亡くなります。不思議なもので、数カ月間、誰一人亡くなる人がいなかったケースもあれば、ひと月に5人も6人も同時に亡くなるケースもあります。したがって、平均すると毎月1名ないしは2名は亡くなっているはずです。

老人ホームの職員らは、常日頃次のような会話をしています。

「最近は、入居者さんはみんな元気ね」「あの方は一時危なかったけど持ち直したし」といった話です。「今月は3人も亡くなって。今入院している方も危ないみたい」「一度お祓《はら》いをしてもらったほうが良いのでは？」といった話もあります。

私のホームで1人の入居者が急に亡くなりました。ほとんどの介護職員からすると予期せぬ入居者の死です。まったくベンチマークをしていませんでした。したがって介護職員は心の準備がまったくできておらず、特に仲の良かった職員は驚きと戸惑《とまど》い、そして悲しさから泣いています。正直、仕事になりません。

私が打ち拉《ひし》がれている介護職員に対し「なぜ泣いているのか？　なぜそんなに悲しいのか？」と質問したところ、こんな回答が返ってきました。「実は春になって暖かくなったら一緒に相撲《すもう》を見に行こう、と約束をしていました。そろそろ、その企画書を会社に提出しようと思っていた矢先だったので」と。他の悲しんでいる介護職員にも聞いてみましたが、皆、同じように約束をしていたが守ることができなかったことを悔《く》やんでいます。

悲しみの根源を整理すると「ただちに実行に移さず、油断をしていたので、約束を守ることができなかった」後悔があることに気がつきます。

ちなみに、高齢者との対峙の中で一番重要なことは、持ち時間が少ない人を相手にしていることを常に忘れず、キーワードは「今すぐにやる」ということです。ちんたらしていると、その矢先に死んでしまいます。居なくなります。これが高齢者介護の常識です。だから「待ってください」はNGなのです。私が駆け出しの介護職員だった頃、ナースコールに対応して、「お待ちください」と言った瞬間、先輩介護職員から「今すぐ行け」と怒《ど》鳴《な》られ、やりかけていた記録を中断して居室に伺いました。私が事務所に戻ってくると、先輩から「持ち時間がない高齢者を待たせてはいけない。〝今すぐ〟が対応の原則である」と叱られたことを思い出します。

残された時間を可視化することの大切さ

そこで私は、次のような仕組みを現場に指示しました。それは、入居者全員の余命予測をして職員全員と情報共有することでした。この話を看護師にすると、当初看護師は烈火《れっか》のごとく私に食ってかかり、「不謹慎だ」と言って抵抗しました。私は「とにかく、余命を出してほしい。詳しいことはそれから話すから」と言って、業務命令として指示を出したのです。

数日後、80人の入居者全員の余命一覧が看護師から提出されました。入居者名の横に現在の年齢、そして人生終了時の年齢、備考欄にはその理由が記載されています。そして何より、作成してくれた看護師は「施設長の目的がわかったような気がします。この一覧を作りながら、私たち看護師は、まだまだ十分に入居者と関わってきていないことを痛感しました。わからないことだらけでした。もっと、一人一人と深くかかわっていかないと良い看護などできるわけがありません」と言っていました。

次の日、介護職員に対し資料の説明をして、余命を意識したケアが始まります。特に入居者Hさんに対する効果はてきめんでした。Hさんは、元芸術家です。大きな声では言えませんが、生まれ故郷に記念館が建っているほどの著名人でした。このHさんは認知症ということで老人ホームに入居してきましたが、看護師の見立てによると精神的な病気、つまり、統合失調症ではないかということでした。しかし年齢が90歳を超えていたので、その真意は不明のまま、認知症として介護職員は対応していました。

このHさん、極度の寂しがり屋で、スイッチが入るとナースコールを離しません。介護職員が居室に来るまで呼び続けます。しかし、介護職員が行っても何をするわけでもなく、「寂しい」「いっしょにいて」と言うだけです。私は看護師が作成した余命表を見て「Hさんの余命は残り1年間。ここにある24時間の砂時計を居室に置き、毎日、夜勤者が24時にひっくり返してほしい」と伝え、実践してもらいました。

しばらくすると、少しいつもと違うことに気がつきました。驚いたことに、今までナースコールを切った後、ナースコールに向かって文句を言っていた職員が、Hさんに対し、いくぶん優しくなっていきました。その理由を介護職員に聞いたところ、「居室の砂時計を見るにつけ、Hさんの残り時間はどのくらいなのだろうか？　砂時計をあと何回ひっくり返すことができるのだろうか？　と考えていると、不思議と残りの時間だけはしっかりとケアをさせていただこうという気持ちになっていきます」という回答が返ってきました。

まさに、私が狙っていた通りの現象です。人は、何も考えないとその現象を現象のまま受け入れます。したがって、頭にくることがあると頭にくるのです。しかし、そこに、その人の個別事情、特に「命」の期限といった終了時間が加わると他の現象はどうでもよくなり、その終了時間だけが頭に残ります。日頃、大した用もないのに、何度も何度もナースコールを鳴らし、忙しい職員を独占したがっていたさびしがり屋のHさんに対し、今までは「めんどくさい」「うるさい」「たいした用もないのに鳴らすなよ」「入居者はおまえだけではない」という感情が前面に出ていたのですが、砂時計で残り時間を可視化したとたん、人というのは不思議なもので、これくらいのことなら何とか叶《かな》えてあげたい、という前のめりの気持ちになっていくものなのです。

入居者の間近に迫った死を意識したとたん、ほとんどの介護職員はその人にやさしくなれます。許してあげることができます。今まで迷惑だと思っていた入居者だとしても、です。それぐらい、命の期日や期限を区切るということは重要なことなのです。

高齢者が希望を持って生きていくには

人の死亡率は100％です。そしておおむね80年ほどで人は死にます。したがって、75歳の人であれば、のこり5年が命の期限ということになるのです。これは動かしがたい事実です。しかし私たちは、この事実を日常的に意識して生きているわけではありません。

私は老人ホームで介護職員として勤務していた頃から、タブー視されていた入居者の死について、あえて声に出して発信していました。上長から「老人ホーム内で入居者の『死』に関する発言は〝ご法度〟である」と叱責されたことも1度や2度ではありません。この考えは当時としては当たり前で、一緒に働いていた介護職員からも眉《まゆ》を顰《ひそ》められていたことだと思います。

なぜ私が、入居者の死を隠すことなく、さらには日常的に入居者と共に死について話をしていたのかというと、〝入居者が喜んでくれた〟からです。ほとんどの入居者は自分の人生の終わりに対し、強く意識し、強くイメージしていました。

ある入居者の話です。凛《りん》とした風格のある品のある老婆でした。いつも背筋をピンと伸ばし、自分のことは自分でやるスタイルを貫いていました。そのお陰か、私たち介護職員との接点は1日を通してほとんどありません。かといって不愛想なのかといえば、そうではありません。正直に申し上げると、このような人が自分の祖母であったらなあ、と思える人でした。

ちょうどその頃、夏季のオリンピックが始まりました。時差の関係でどうしても中継が深夜に及んでしまいます。ホームの入居者は元気そうに見えても、全員何らかの深刻な持病を抱えている人ばかり。オリンピック期間中も規則正しい生活をする管理を徹底してほしいという指示が、看護師から出されました。ある夜勤の日に私はそろそろ就寝の時間だろうと考え、この入居者の居室を訪問すると、案の定、ベッドに横になりながら、オリンピック中継を見ています。理由を話して寝てもらおうとしたところ、彼女から次のような言葉が出てきました。「オリンピックは、あなたにとっては、また次があると思うけど、私にとってこのオリンピックが人生最後のオリンピック。だから見たいの」

私はこの言葉を聞いて、頭を鈍器で殴られたような衝撃を受けました。今まで、そんなことは考えもしませんでした。これが人生最後の○×だなんて。しかしたしかに、その通りでした。4年後に彼女が生きている確率は抱えている疾患から考えるときわめて低いことは、職員間の間では常識でした。そしてその時私は、クローゼットの上にある箱を取るように言われました。その箱には「旅立ちの日に」と大きく書かれていました。中には、洋服、帽子、靴などの衣装が収まっていました。「あなたに頼みがあるの。私が死んだら、この洋服に着替えさせてから焼き場に運んでね」と。

私は、今でもそう話した彼女の顔を忘れることはできません。そこには悲壮感はまったくありません。覚悟を決めている老婆の強さと今までの人生に対する感謝の気持ちが、にじみ出ていました。

私はその時から、入居者は「死」を恐れていないと痛感しました。そしてもっと「死」について話をしたいのではないかと思い始めたのです。今まで、入居者が死ぬとともにかくひた隠しにして誤魔化し、他の入居者には、けっして「死」というものを連想させてはならないと指導を受けていました。しかし、この考えは間違っているとその時感じ、その後は、入居者と普通に「死」について談笑をすることにしたのです。もちろん、わざわざ意味もなく「死」について話すわけではありません。入院している親しい入居者のことを心配している人がいれば、その容態を詳しく説明していました。

高齢者が希望を持って生きていくには、周囲が彼らの気持ちを理解することから始めなければならないと思います。

【著者プロフィール】
小嶋勝利（こじま・かつとし）
㈱ASFON TRUST NETWORK常務取締役。1965年神奈川県生まれ。日本大学卒業後、不動産開発会社勤務を経て日本シルバーサービスに入社。介護付き有料老人ホーム「桜湯園」で介護職、施設長、施設開発企画業務に従事する。2006年に退職後、同社の元社員らと有料老人ホームのコンサルティング会社ASFONを設立。2010年、有料老人ホーム等の紹介センター大手「みんかい」をグループ化し、入居者ニーズに合った老人ホームの紹介に加えて、首都圏を中心に複数のホームで運営コンサルティングを行っている。老人ホームの現状と課題を知り尽くし、数多くの講演を通じて、施設の真の姿を伝え続けている。

『誰も書かなかった老人ホーム』（祥伝社新書）は、老人ホームの生々しい姿を浮き彫りにした本としてロングセラーを続けている。他にも『老人ホーム　リアルな暮らし』（祥伝社新書）、『老人ホームの金と探し方』（日経BP）などの著書がある。

長生きが喜ばれない介護社会の大問題
もはや老人はいらない!

2020年７月15日　第１刷発行
2021年１月１日　第２刷発行

著　者　小嶋　勝利
発行者　唐津　隆
発行所　株式会社ビジネス社
〒162－0805　東京都新宿区矢来町114番地
神楽坂高橋ビル5F
電話　03－5227－1602　FAX 03－5227－1603
URL　http://www.business-sha.co.jp/

〈カバーデザイン〉常松靖史（チューン）
〈本文DTP〉茂呂田剛（エムアンドケイ）
〈印刷・製本〉モリモト印刷株式会社
〈営業担当〉山口健志〈編集担当〉水無瀬尚

ISBN978-4-8284-2201-5

ビジネス社の本

シンプルに美しく暮らす
おひとりさまのケチじょうず

小笠原洋子……著

定価　本体1300円+税
ISBN978-4-8284-2143-8

地球にやさしく、お財布にもやさしい「ケチカロジー」生活、はじめませんか。

「ケチじょうず」とは、できるだけムダを省いて物質から自由になり、心を満足させるように工夫を重ね、豊かな気持ちで毎日を暮らすこと。モノを持たない生活は、心にさわやかな風がふきわたる心地がするものです。エッセイスト群ようこ氏が絶賛した書が再登場。内容も新しく、70代の「おひとりさまのケチじょうず」な毎日を、楽しくご紹介します。

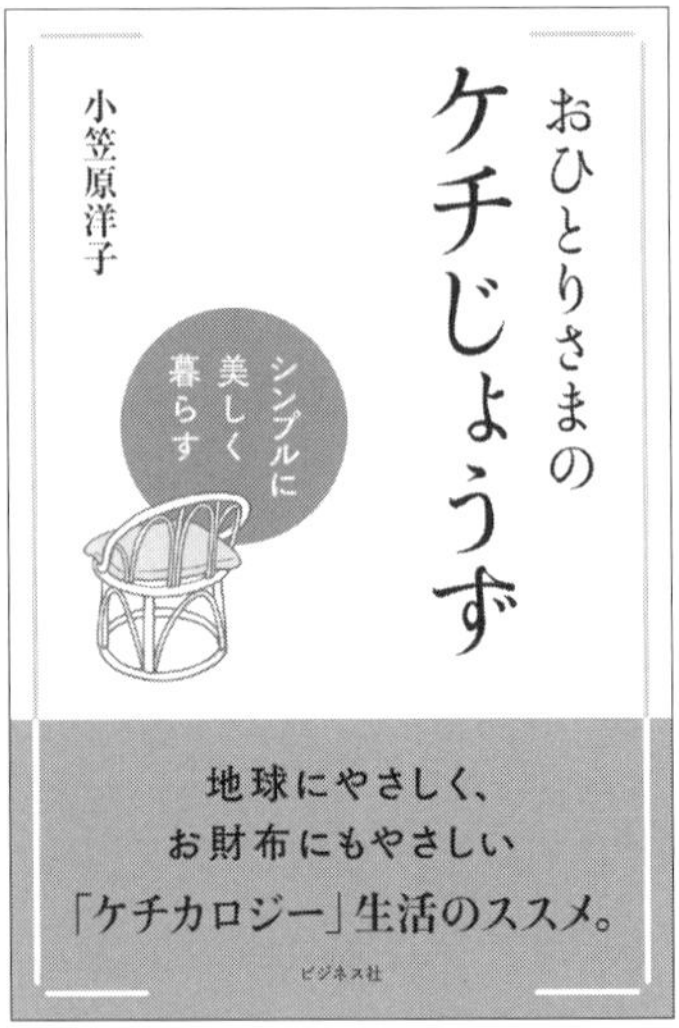

本書の内容

序章　物を持たない贅沢
第一章　シンプルに清々しく暮らすコツ
第二章　ケチ道場の一日をご紹介します
第三章　私の住まいをご案内します
第四章　ケチカロジー・ライフのすすめ
第五章　自由自在に 永遠の「一鍋料理」
第六章　ケチケチ生活 レシート公開
第七章　買わない着こなしの工夫
第八章　医者のいらない身体をつくる